昭和登山への道案内

ベストセラー「日本登山大系」を旅する

白水社編集部 編

白水社

昭和登山への道案内——ベストセラー「日本登山大系」を旅する

凡例

一、本書は『日本登山大系』（全十巻、一九八〇年―八二年）の各巻導入部分と一部ルートを再録したものです。

一、登山にはさまざまな危険が伴います。読者が本書を利用して万が一事故を起こされても責任は負いかねますのでご留意ください。

装幀＝コバヤシタケシ
組版＝鈴木さゆみ

昭和登山への道案内＊目次

巻頭エセー

第I章　日本の山々　23

第Ⅲ章　**登山大系を読む**

巻末エセー

夢の作業

柏瀬祐之

ミもフタもないことを言うようだが、日本登山大系の印税は執筆者七パーセント、編者三パーセント。つまり編者一人当たり一パーセントである。この取り分は編者を受ける際に白水社編集部の平田紀之さんに私から直接口頭で尋ねた。普通、出版社から依頼があった場合、プロの受け手ならいざ知らず、ハナから自分の取り分を尋ねるなんてしないだろうし、私自身したことはないのだが、今回は編者が岩崎さん、小泉さん、私の三人だし、そのなかで私が年長ということもあってそんな役回りにしゃしゃり出た。しゃしゃり出て平田さんがどんな心証を持ったのか知らないが、きれいごとを言うつもりはなく、私としてはその手の俗事とまでは言わないが、ま、事務手続きは編者三人さっさと承知して、一日も早く《夢の作業》に取りかかりたかったのである。

《夢の作業》とはまた大仰なと思われるかもしれないが、日本全体を投網にかける登山バリエーションルート集を全十巻のシリーズで編もうとするのだから、これは実にもう心浮き立つビッグプロジェクトであった。少なくとも私はうれしくて仕方なかった。外づらはともかく、内心はゲートインした競走馬のように鼻息荒く入れ込んでいた。

広域をカバーした類書がそれまで存在しなかったわけではない。東京創元社から『現代登山全集』という単なるガイドブックの枠を超えて品格ある名シリーズが出ていたし、宝文館には『日本山岳風土記』という滋味豊かな好シリーズがあった。しかし前者は収録山域が関東周辺と中部山岳に限られていたし、後者は全国をカバーするものの書名どおり風土エッセイと紀行が中心であった。

鼻息荒く入れ込んでいるうちにゲートが開いて、さて、《夢の作業》はまず全国各地の山域とそこに存在する岩場や谷を片っ端から書き出し、整理することから始まった。『岳人』『山と溪谷』といった山岳雑誌のバックナンバーから山岳会の会報、私家本まで、閲覧できるものは編者間で分担し、あまねく渉猟した。一九七〇年代までは各地の有力山岳会が地域研究と称して特定山域の岩や谷を網羅的に踏査し、その成果をしばしば雑誌などに発表していた。渉猟は手間ひまかかったが面倒とは思わなかった。知らない山域、隠れた好ルートを拾い出せたりすると、新しい鉱脈を掘り当てたように大いに胸が躍った。

並行して執筆依頼先のピックアップを行い、執筆要項つまりどんな要領で依頼先に原稿を書いてもらうかを検討した。このあたりは過去のガイドブックの事例や常識にとらわれないで自由に議論した。幸い編者三人とも登山に対する姿勢が真摯（？）かつ大いにわがままなので、いたずらに詳細なルートガイドは登山の楽しみと創造性を奪うという点で一致し「簡にして要」を求めた。また読者がルート選択をすばやく行えるように各ルートの冒頭には当該ルートの特徴を短く記すことを求めた。

ピックアップした執筆依頼先に渡りをつけるのは主に岩崎さんの役目だった。この人の顔の広さはおそらく登山界随一、北海道から九州まで、やや高い明るい声で「あ、ごぶさたしてまーす」と電話をかけまくって朗らかだった。一方、書籍装幀が本職の小泉さんのその本づくりに関する知識経験は別格、彼一流の当たりのやわらかさで、当方などあずかり知らない視点角度から作業の内外をケアして精緻だった。で、私メといえば、人脈は狭く浅く、本づくりのノウハウにも通じず、せめて執筆者から届いた原稿のチェックに精を出した。長すぎるものは縮め、要領から外れたものは手直しし、ときには僭越ながら大半を書き改めたりもした。もちろん岩崎さん小泉さんも同様にこなした。

実のところこの原稿チェック作業は思った以上に登山者としての自身のセンス、経験を問われる感があった。なにせ記述されているのは見たことも触ったこともないルートがほとんどなのである。ルートとしての価値の見定めや、ガイド内容に瑕疵ありやなしやの判断、それらを行う直感センサーはそれなりに磨かれてなくてはいけない。ピカピカのセンサーなど望むべくもなく、せめてメッキの照りがあったかもこの際頬かむりして、かくもセンス、経験を問われる戸惑い、怯懦自体に、私は背筋が伸び、不遜にもささやかな誇りと充実感と興奮を覚えたものだった。

これら《夢の作業》のすべてを束ね、事実上差配したのは、しょっぱな印税を教えてくれた平田さんである。版元の編集部員だから一見黒衣ふうに姿勢低く働いていたが、なに、この人こそが日本登山大系のそもそもの立案企画者であり、出版までの実質的な推進エンジンであり、つまり立役者なのであった。もう一人、編集部からはすでにいくつかの著名な山岳書を世に送り出して実績ある佐藤英明さんが加わり平田さんとバディを組んでいたが、佐藤さんは、ときに舌鋒鋭い切れ者の平田さんを一歩引いた位置からニコニコ笑ってサポートしてるふうがあった。両人とも語学の達人にして山好き、とくに平田さんは当代きってのロック・クライマーでもあった。

作業の目指す山頂と登路がはっきり見えていたせいか、編集部バディと編者連の意見が相違することはあまりなかったが、なかで「であい論争」という小衝突があったのを記憶している。沢と沢とが合流する地点、すなわち遡行者から見ての沢の入口、それをどう表記するかで、岩崎さん、ならびに私、かたや平田さんとで火花を散らせたのである。岩崎さんと私は、沢登りの世界では「出合」が常識と言い張り、平田さんは、いかにも語学の碩学らしく、活用語から転じた名詞は送りがなを付けるのが普通というようなことを説いて「出合い」を主張したのである（ごめん、小泉さんはどっち側だったか思い出せない）。なんとまあ単に「い」を送るか送らないかだけの話。それを喧々諤々とまではいかないまでも喧々くらいはやり合った。細かい経緯は忘れたが、とどのつまりは「この本は沢ヤさんだけじゃないでしょ、クライマーにも普通の人にも広く買ってもらわなくちゃあね」という佐藤さんの一言が決め台詞。是非もない、岩崎さんと私は口角の泡を拭って沈黙したのだった。

かくして日本登山大系は今や版を重ねて広くロングセラーとか。編者の一人として望外。ときにわが家の本棚に並んだ巻を手に取る。「出合い」の表記に目が留まる。やっぱり「出合」のほうが……としつこく独りごちたりする。私の頭のどこかはいまだに《夢の作業》の余韻を追いかけているようだ。実に稀にひたすらだったあの幸せな時間に還りたいのかも。

登山大系あれやこれや

岩崎元郎

ある日、一本の電話がかかってきた。白水社の編集部から、である。電話の主が、担当の平田紀之さんだったか佐藤英明さんだったかの記憶はない。

追いかけるように柏瀬祐之さんから電話が入った。「白水社から電話がきた」というもの。当時、柏瀬さんとは山仲間としてよく知った仲だった。この話が面白くなりそうだなと思ったのは、ぼくと柏瀬さんとが友人関係にあると知らず、ぼくと柏瀬さんに電話してきたことである。

平田さん、佐藤さん、柏瀬さん、ぼく、デザイナーの小泉弘さん、この五人で登山大系の編集はスタートした。「デザイナーの」と冠したのは、登山大系の素敵なブックデザインは、小泉さんの手によるものだからである。ぼくはルートの収録を買って出た。山岳雑誌のバックナンバーにあたって、既存のルートを拾い集めようと思ったのだ。

当時というかその頃までは、山岳会と山岳雑誌は貴重な情報源であった。高校時代に山を覚えたぼくは、進学と同時に昭和山岳会に入会した。利尻岳仙法支稜ほかいくつかの初登記録を有し、入会した当時は南アルプス南部の沢に集中していた。

甲斐駒ヶ岳は東京白稜会、八ヶ岳は独標登高会、飯豊連峰はわらじの仲間、鹿島槍ヶ岳はグループ・ド・モレーヌ、錫杖岳・笠ヶ岳は飛騨山岳会……、山岳会は情報そのものであった。

いつしかわが家の本棚には、『岳人』と『山と溪谷』のバックナンバーがずらりと並ぶようになった。『岩と雪』とか『ハイカー』という雑誌もあったが、ベースは前述の二誌で、必ず目を通すようにしていた。毎号掲載される登山記録とか地域研究は必見であった。『岳人』誌の「記録速報」のページを真っ先に開いたものだった。見逃せないのは会報紹介欄、その会報に掲載されている記録の一覧表である。意外なルートの発見がある。山岳雑誌と首っ引きになって、既存ルートの収録を始めた。

東北の巻をまとめるべくチェックを始めたら、出てくる記録は飯豊連峰や朝日連峰のものばかりである。出版のコンセプトから考えて、バリエーションルートを有さない山は収録されないのだ。たおやかで紅葉がきれいな栗駒山が好きだった。が、栗駒山にはバリエーションルートがなかった。このままでは栗駒山を登山大系に収録できない。栗駒山を登山大系に収録すべく、バリエーションルートの開拓を思い立った。岩場はないが、ぐるりとめぐる沢はある。

地形図であたりをつけ、入渓しやすいドゾウ沢に入った。何もない、ハズレ。次にめざしたのが産女川《うぶすめ》だった。これは大当たり。段を連ねる滝や美しく水流のかかるスラブ滝、そのほとんどが直登できるので実に爽快。次に西面に位置する麝香熊沢《じゃこうぐま》に入ってみた。まずまずの渓相、合格だ。ルート数は少ないが、産女川が大当たりだったので栗駒山収録は決まった。癒し系として人気の高かった産女川だが、残念なことに二〇〇八年の岩手・宮城内陸地震のため、九百七十メートル付近の側壁が崩壊、連瀑やゴルジュを埋めてしまったという。現在の状況は不明である。

当時は、雑誌に掲載されている記録の筆者名は、個人名ではなく山岳会名が多かった。あの頃が、登山活動の主体が団体から個人へと移行する転換期だったのだろう。

東京に生まれ育ったぼくは、北海道に行ったことがなかった。「北海道・東北の山」の巻を担当することになったが、行ったことがないので「はじめに」を書くことができない。という理由で北海道に行くことができた。九月下旬、大雪山でその年の初雪に遭遇した。往路は飛行機で行ったが、北海道の大きさが実感できないと思い、復路は列車にした。札幌から函館までも充分ひと旅行であった。北海道は遠くて、でっかい。

あれやこれやの最たるものは、多くの山仲間と知り合いになれたこと。四十七都道府県、踏んでいない土地はなくなったし、どこに行こうとその地でその夜、一杯飲む友人知人に事欠くことはない。登山大系の編集参画はすばらしい体験であった。

『日本登山大系』を振り返る

小泉　弘

昭和の登山ブームは一九五六年の日本隊マナルス初登頂によって始まったとされるが、当時十歳の子どもだった自分には記憶すらない。

私たち世代にとって登山ブーム、アルピニズムの全盛とは、一九六五年夏、前年の海外渡航自由化によって、当時の第一線クライマーたちの多くが、ヨーロッパ・アルプスに渡り、アイガー、マッターホルン、ドリュなど書物でしか知らなかったグレードⅥ級のルートを次々と完登した夏に始まっている。

毎週土曜日、谷川岳に向かう上野発二十二時十二分の上越線鈍行長岡行きは、上野駅を出発する時点でぎゅうぎゅう詰めの超満員で、網棚に横になる器用な登山者すらいた。

この大量の登山者たちが山間の小さな土合駅に到着すると、ドッと掃き出されるようにそのほとんどが下車して、クライマーたちたちは真っ暗な山道を先を競ってマチガ沢、一ノ倉沢、幽ノ沢を目指した。そして人気ルートはどこも順番待ちであった。

登山シーズンの新宿駅も同様で、地下のアルプス広場は毎週、列車ごとに並んだ登山者たちで埋め尽くされていた。

『岳人』『山と溪谷』『岩と雪』『山と仲間』など山岳雑誌の記録速報頁は、全国のクライマーたちによる熱気溢れる登攀記録で毎号大変な活気であった。

『日本登山大系』全十巻の第一冊目、『槍ヶ岳・穂高岳』が刊行されたのは、一九八〇年の八月であったが、これに先立つ二年前の七八年に編集会議がスタートした。そして最後の十冊目となる『南アルプス』は二年半後の八二年六月に刊行され、最初の編集会議からおよそ五年を要する作業である。

国内に拓かれた岩登り、沢登りの全ルートの洗い出しや、各巻山群ごとの執筆者をどう選考するかなど、一番のポイントとなる編集作業を支え、可能にしたのは先の山岳雑誌や年報などの記録頁だった。何年経とうとも実物を手にすることができる〝紙に印刷された〟本であったからこそ可能だった基礎データの作成であった。

この膨大な数の山岳雑誌などに集められた登攀記録が、今日のような形のないデジタル・

データであったとしたら、拓かれた全ルートと、そこを登ったクライマーたちを辿ることなど、果たして可能だったであろうか……。

細かな活字で埋め尽くされた登攀記録頁に登場する登山者たち。遠く離れた地の会ったこともないクライマーがほとんどであったが、どの山域にも繰り返し熱心に記録を寄せてくれるクライマーたちはいて、その名は目に馴染み、会ったこともないのに旧知のクライマーであるかのような、ある種、懐かしさや親しみを抱かせる同胞のような集団が少なからずいてくれた。


どこの誰かも知らぬのに、何回も会っていると親しみを覚えるような感覚は、谷川岳でも穂高滝谷でも実際のクライミングで数多く体験するところであった。

毎週のように通った一ノ倉の各ルートで、また一緒かよと、同じ顔に出会う。うんざりしつつもどこかホッとする……山岳会名も、まして個人名など知らないが、顔だけは互いに良く覚えている……向こうも同じことを考えていたであろう……。

四ルンゼでも中央カンテでも、先に行かせてくれない、譲ってくれない、ニヤニヤしているヤンチャな兄《アニ》さんたち。でも、出会うとまたかヨと思いながらも、コンチワとホッとする、同じ匂いをしたクライミングの同志とでも言えようか。

もう二十三年前のことになるが、登山大系第四巻『東京近郊の山』の巻頭エセーを寄せてくれた吉尾弘さんが、六十二歳で雪の一ノ倉沢滝沢リッジを登り、ドーム基部で亡くなられた時、お通夜の焼香台の前に置かれた、ビッシリとパッキングされ濡れたままのザックを見て、六十二歳でこんな大きなザックを背負って二人をガイドして、全ピッチをトップで登っていたのかと感動した……十九歳で雪の滝沢に鮮烈に輝き、四十三年後に同じ場所で放った二度目の電撃のような閃光。手を合わせ焼香を終えて、後ろを振り返ったら、三十年前に一ノ倉で毎週のように会っていた、ヤンチャな兄《アニ》さんの一人がすぐ後ろに並んでいた。目と目が合い、どちらからともなく微笑んだ。この時は三十年も経っていて、どこの誰だか互いに名前は知っていたが、「あゝ、お互い生きていて良かったなあ」とでも言っているような微笑みだった。

思えば登山大系全十巻の誕生そのものが、顔は知っているが名前は知らない、名前は記憶しているが会ったこともない、全国に拓かれたルートや執筆者たちなど……すべてがクライミング全盛の時代の匂いと同胞感に包まれて成し得たことだったように思う。

巻頭エセーを寄せてくれた原真さんと白籏史朗さんとは、編集段階にあった七九年に、スイスから加藤滝男さんも合流して、ペルーアンデスで実に楽しい登山をご一緒した。

そして、先の吉尾さんは言うまでもなく、雨宮節さん、高田直樹さんとも楽しい時間を過ごした日々が懐かしい。

初版第一冊目の刊行から四十四年経ち、崩れ埋まった沢登りルート、岩盤が剝がれ落ちて消えてしまった岩登りルートなど……ルートガイドとしての実用性は減じたかも知れないが、経験を積んだクライマーや山岳ガイドをはじめ、多くの登山者たちから、全国の山の主要ルートを網羅したバイブルとして、このシリーズに勝る本はないと支持されていることは、まったく思いもしなかった喜び、光栄であり、感謝しかない。

第Ⅰ章　日本の山々

一　北海道・東北の山

北海道の山の魅力は、いったい何なのだろうか。北海道の山を語ろうとする人たちは、よく大島亮吉の文章を引用し、「原始の匂い」「荒々しい未開の自然」「人の歩いた跡さえ稀なこと」等を必ず列挙する。それらの最大公約数を考えてみると、北海道の魅力とは、中央から遠く離れて独立していること、本州では実感できない広さを有していること、にはならないだろうか。

ブラキストン線は単に津軽海峡による動物分布境界線というだけでなく、この地の独立を明示するラインのように思われる。年間平均気温ひとつ取り上げてみても、東京と鹿児島の差が約二度しかないのに対し、札幌と東京のひらきは約七度もあって、本州以南との相違を明らかにしている。札幌と標高一〇〇〇mの軽井沢との気候、年間平均気温が近似していることから、北海道の一〇〇〇m級、二〇〇〇m級の山はそれぞれ本州中部の二〇〇〇m級、三〇〇〇m級の山に相当する気象条件にあるといわれている。

広さは日本全土の約五分の一、七八五万ヘクタールあり、五万分の一地形図で揃えるとなれば二六八枚必要となる。東北六県と新潟県を合わせたくらいの広がりが「北海道」なのである。

全道の約七〇%は森林である。そのほとんどは国有林か道有林であり、入山に際しては所管の営林署あるいは林務署で入林許可証の交付を受けておくべきだ。登山口に交付所のある有名山域を除いては、事前に手紙等で依頼しておく必要がある。入林許可申請をすれば、現地の近況を教えてもらえるメリットもある。

北海道の山というと、まず頭に浮かぶのはどこだろうか。全道が載っている地図をちょっとひらいてみよう。

原始性のイメージの強い知床半島の山、北の海に浮かぶ利尻山、天塩川をはさんでピッシリ山を最高峰とする天塩山地と、天塩岳を主峰とする北見山地がある。道内最高峰の旭岳をはじめ、二〇〇〇m級の山々が謂集する大雪、十勝連峰。日本国中の岳人が熱い視線をむける日高山脈は舌をかみそうな山の名前が独特な世界を想像させる。芦別岳の西、崕《きりぎし》山の岩峰に想いを馳せるのも楽しいし、増毛山地の雨竜沼にはロマンチックな夢をみる。

札幌周辺の山にだって夏径のないものも多いし、積丹山塊や道南の山々も日高に劣らず奥深く魅力的だ。

北海道の山を訪れようとする者は、目ざす山が有名、無名にかかわらず、一般登山道が極端に少ないことに注意しなければいけない。開発は急ピッチで、大島亮吉の頃の雰囲気は希薄になってしまったとはいえ、大雪山のような有名山域を除いては、山小屋等の施設も不十分で、観光登山の対象にはならない。

猛烈なやぶこぎを覚悟して、夏ならば沢から頂を目ざす。冬ならば白一色の世界、雪崩の危険が回避できれば、どこから登ってもいい。果てしなく続くラッセルを強いられる山行もあるだろう。自分の持てる体力と精神力のすべてを投入してもなお、はるかに及ばない大自然、それが北海道の山のすばらしさであり、そこにこそ山行のターゲットがある。

本書〔『日本登山大系』1〕では北海道と併せて、東北の山を収録してある。北海道が津軽海峡の向こうに独立して存在する感があり、また、かの地の開拓の歴史からも近代的なイメージを抱かせるのに対し、東北にキラキラした想像を抱くことはできない。日高だ利尻だ、槍だ穂高だ、というように華やいで指を折る山はない。敢えて指折るとすれば、飯豊、朝日であるが、それすら随分と地味な山である。

青森、岩手、秋田、宮城、山形、福島六県を縫うように高く低く連なる東北の山をざっと眺めてみよう。

北海道の山

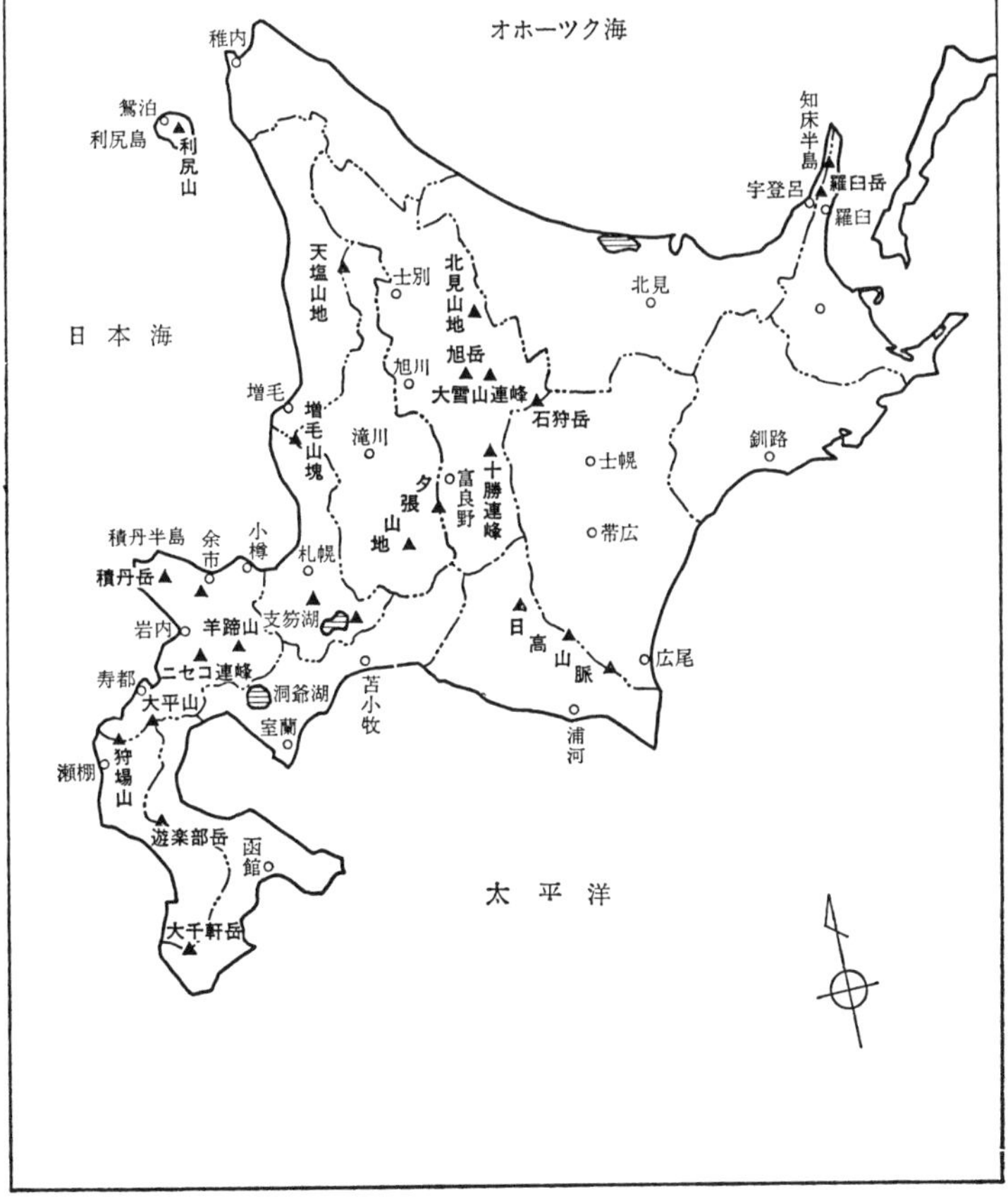
オホーツク海
稚内
鴛泊
利尻島
利尻山
知床半島
羅臼岳
宇登呂
羅臼
天塩山地
士別
北見山地
北見
日本海
旭岳
旭川
大雪山連峰
石狩岳
増毛
増毛山塊
滝川
十勝連峰
富良野
夕張山地
士幌
釧路
帯広
積丹半島
余市
小樽
札幌
積丹岳
岩内
羊蹄山
支笏湖
日高山脈
広尾
寿都
ニセコ連峰
洞爺湖
苫小牧
大平山
室蘭
浦河
瀬棚
狩場山
遊楽部岳
函館
太平洋
大千軒岳

まず下北半島の恐山山地、恐山は死霊を呼ぶ山として有名であり、登攀的興味としては特異な岩山、縫道石山がある。ただ世界的珍種のイワタケが岩場に自生しており、無闇に登るわけにはいかない。継手の位置に下北丘陵があり、太平洋の防波堤のように早池峰山を盟主とする北上高地と、ぐっと南下して阿武隈高地がある。早池峰山はウスユキ草が咲く山としてのみ名を知られているが、山稜に突き上げる沢は小さいながらも明るく、楽しい山旅が期待できるところだ。

日本海側には津軽山地、岩木山、青森と秋田の県境に白神山地がある。白神山地は広大な無人地帯を有し、最近になって記録や案内を散見するようになったが、未知の魅力は絶大なものだ。下って森吉山、太平山地、笹森丘陵が根を張り、秋田・山形県境に鳥海山、丁岳《ひのと》が在る。

太平山は秋田市近郊にあって地元岳人に愛されている山だ。手軽に日帰りできる山であり、よき沢登りのルートに恵まれていることが人気のある理由であろう。そして鳥海山、その北面は夏には魅力ないガレ場にすぎないが、積雪期にはクライマーの目を見はらせるバリエーション・ルートと化す。

山形県に入ると月山から朝日山地、山形・新潟・福島三県の県境に飯豊山地が昂然と連なっている。豊かに残る雪渓や山稜を彩どる高山植物の華やかさは歩いているだけでも充実感が

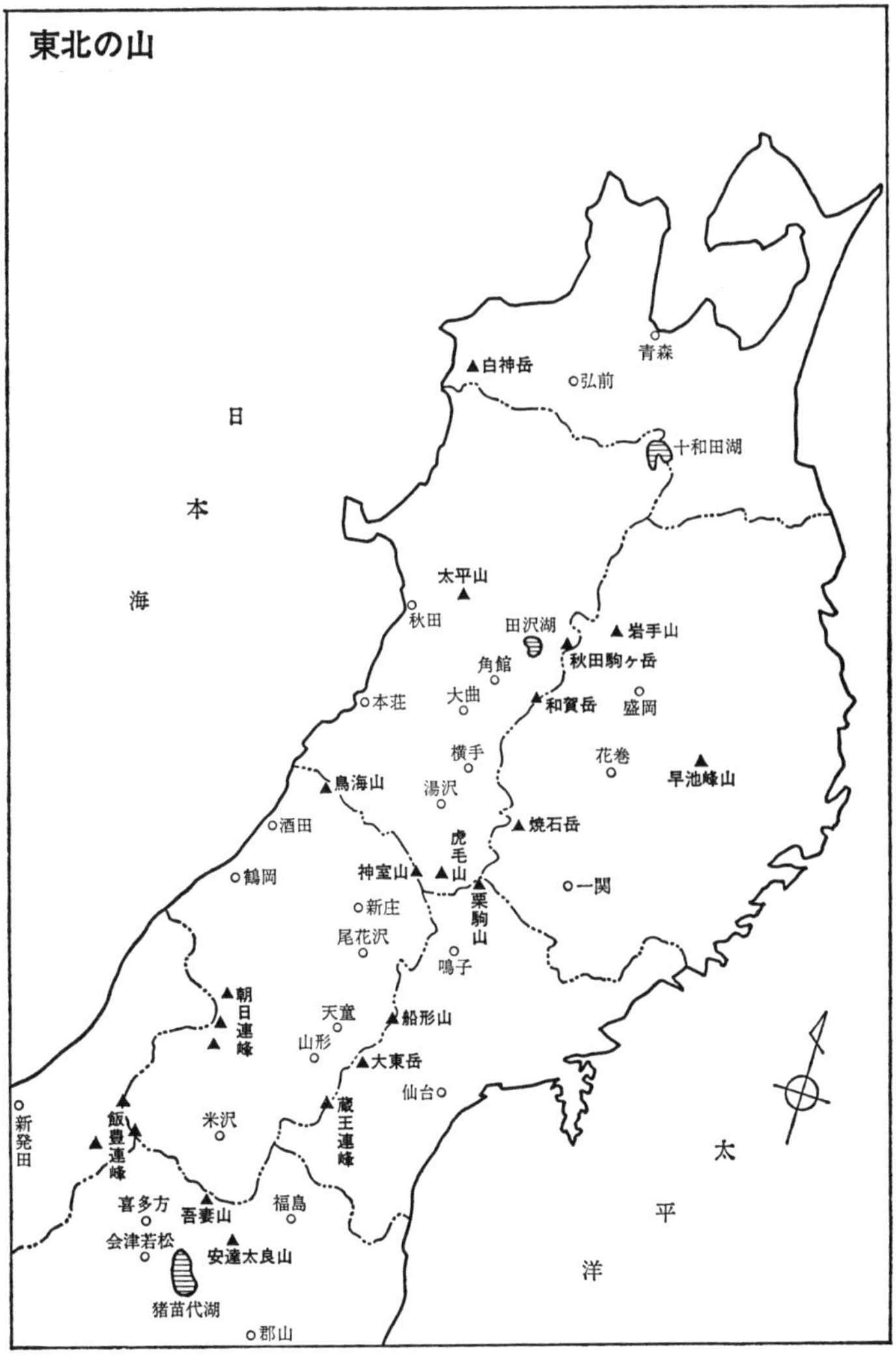
東北の山
青森
白神岳
弘前
日
十和田湖
本
太平山
海
秋田
田沢湖
岩手山
秋田駒ヶ岳
角館
大曲
本荘
和賀岳
盛岡
横手
花巻
早池峰山
鳥海山
湯沢
焼石岳
酒田
虎毛山
神室山
鶴岡
栗駒山
一関
新庄
尾花沢
鳴子
朝日連峰
天童
船形山
山形
大東岳
仙台
新発田
飯豊連峰
米沢
蔵王連峰
太
平
洋
喜多方
吾妻山
福島
会津若松
安達太良山
猪苗代湖
郡山

あり、エキスパートのみに許される深い渓谷の存在は、一般に朝日連峰、飯豊連峰と呼ばれている二つの山域が東北の山の代表と目される所以である。

さて青森県に目を戻して陸奥湾を眺めると、ほぼ中央につき出て夏泊崎がある。ここから南へ下ってゆくと、雪中行軍で名高い八甲田山、十和田湖の西を走って岩手・秋田県境の八幡平、秋田駒、和賀岳、焼石、栗駒山、宮城・山形県境の船形、大東、蔵王、山形・福島県境の吾妻山から福島県に入って安達太良山へと、太平洋と日本海の分水嶺、奥羽脊梁山脈は連なっている。

主稜からちょっとはずれた岩手山と八幡平、秋田駒を頂点とする三角形に囲まれた山域は、豊かに恵まれた麓の温泉目当ての観光開発が進んでいるので、上手に計画すれば東北の静寂を手際よく味わうことができる。逆に、南につながる和賀岳周辺は開発の手が伸びていないだけに入下山の苦労は大きいが、未知の魅力も大きい。焼石岳の麓のダム湖畔に、東北には数少ないすっきりとした岩場のひとつ、猿岩がある。

栗駒、虎毛、神室山周辺の沢は高度が低い割には沢床が磨き上げられて楽しめる沢が多く、さらに南下して船形、大東、蔵王の山域は、宮城・山形両県の岳人を育む貴重な教室である。船形山域には、谷川、穂高には比すべくもないが、東北では代表的な岩場、黒伏山南壁がある。スキーヤーのメッカ蔵王は、観光登山の対象としてのみ考えられており、変化に富んだ沢に恵まれていることを知っている岳人は少ない。

吾妻連峰・安達太良山まで南下すると東京からも近く、夜行日帰り山行も計画できる山域となる。高村光太郎を引用するまでもなく、登山者ばかりか一般の人々にもよく知られた山々だが、バリエーション・ルートとなると意外と知られていないようだ。登攀価値を勘案するエキスパートは近接する朝日、飯豊連峰へと入ってしまうのだろうが、吾妻や安達太良でガイドブックにないルートから山頂を目ざすという計画は魅力あるものである。

これら東北の山、東北のバリエーション・ルートはいつ、誰の手によって拓かれていったのだろうか。こういった問題になると、この地は不明な点が多い。というのも、木地師やマタギの生活の場であった山が、近代登山の対象へと平行移動したからで、槍や穂高、利尻や日高のように華やかな登山史では飾れない山域である。それだけに生活のぬくもりや、思いがけない明るさが漂うのが東北の山々なのである。

本巻〔『日本登山大系』1〕が豊かな山行を探り当てる一助になれば、編者〔柏瀬祐之、岩崎元郎、小泉弘〕としての喜びはこれにまさるものはない。

二　南会津・越後の山

五十万分の一地方図「関東甲信越」をひろげてみよう。本巻〔『日本登山大系』2〕で紹介するのは阿賀野川沿いに走る磐越西線をなぞって会津若松、郡山へとのびる線から南側の山々である。

南会津という言葉の響きはじつに快い。たいていの山好きなら、「み・な・み・あ・い・ず」と声にだしてみただけでこのエリアに夢中になってしまうだろう。

ところで南会津の山々とは、どの範囲を示すのか？　南会津とその周辺の山々とする狭義の捉え方もあるが、むしろ会津盆地の南にある山々の総称であり、栃木、群馬、新潟との県境山地までも含むものである、という考え方が一般的である。

「北海道・東北」で紹介した脊梁山脈上の山々は安達太良山からさらに南下して母成峠から大滝山、そして中山峠へと高度を下げてから南会津のエリアである猪苗代湖の湖岸山地へと連なってゆく。

額取山から八幡岳、会津布引山へと続く湖岸山地は高度も低く訪れる登山者も少ない。脊梁山脈は会津布引山から南にのびて大白森山、甲子山、三本槍ヶ岳を擁する那須連峰へと続く。大峠から山脈は西走して男鹿山塊、山王峠から西南西に次第に高度を上げてゆくのが帝釈山地、黒岩山が福島、栃木、群馬三県の分岐点である。ここで県境が西に向かい、尾瀬ヶ原の福島、群馬、新潟三県の分岐点から県境は只見川沿いに北に走る。大鳥ダムの手前で県境は左岸山稜に上がって会越国境山地として北へのび、八十里越の先で向きを変えて東へとのびている。

以上が〝南会津の山々〟の外縁であり、只見川と伊南川の間に駒—朝日山群、伊南川と大川の間に駒止高原山地がひろがっている。

本大系の目的はバリエーション・ルートの紹介であるが、南会津で心魅かれるものは人が住む山里であり、人が越えた峠、そして暮しを見守る温みある山ではなかろうか。この地域はかつて幕府の直轄地で、年貢は幕府の御蔵に入ることから南山御蔵入領と呼ばれていた。そこは駒止高原山地によって東の大川筋の村々と西の伊南川筋の村々に二分されている。駒止高原山地には本巻〔『日本登山大系』2〕で紹介するようなバリエーション・ルートがほとんどないかわりに、小野岳、神籠《かろう》ヶ岳、博士山、志津倉山などの温みある山や、駒止峠、大内峠、転石峠、喰丸峠、美女峠、吉尾峠などの魅力ある峠を有している。

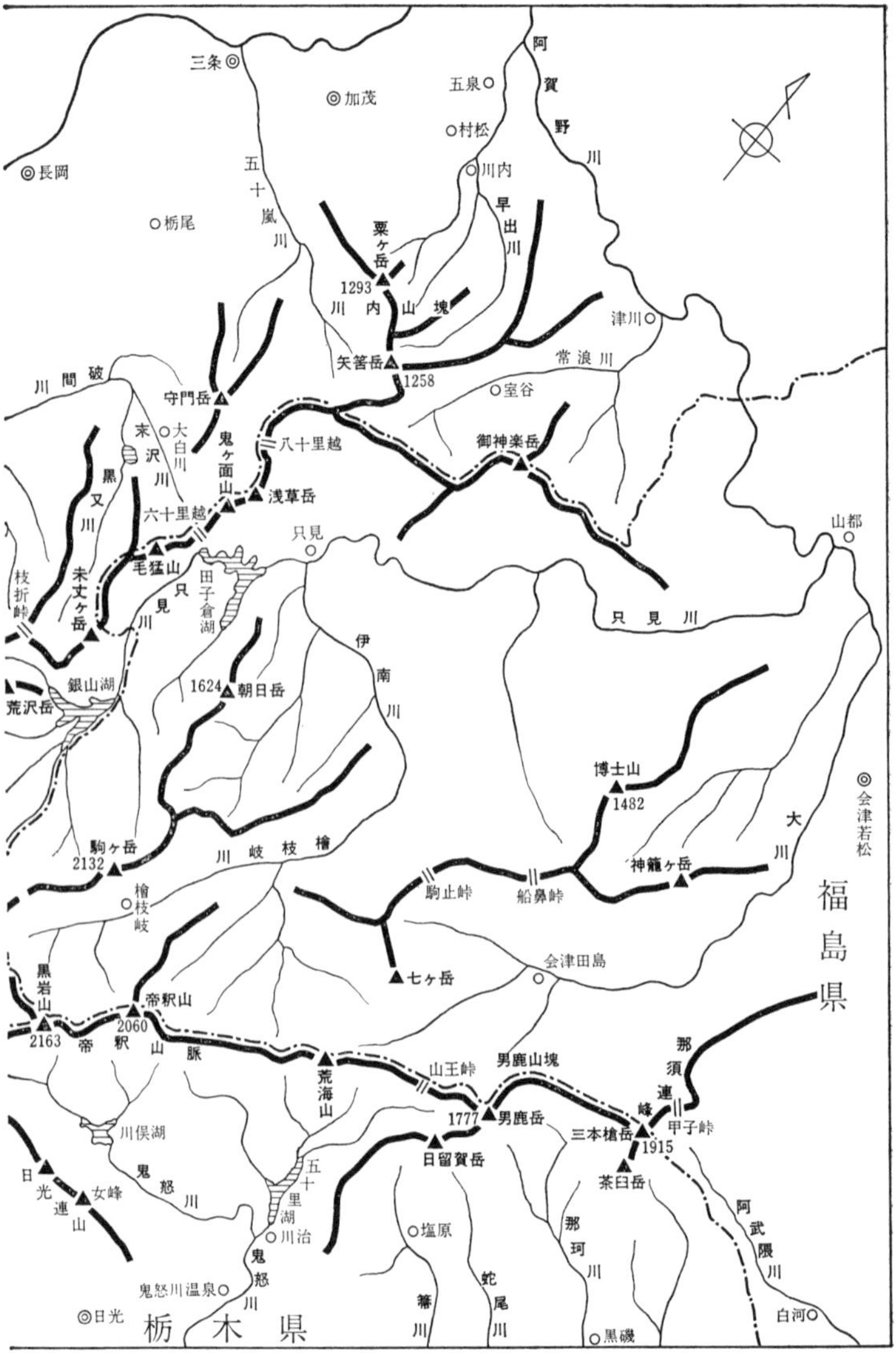

三条
加茂
五泉
村松
川内
阿賀野川
長岡
栃尾
五十嵐川
粟ヶ岳
1293
早出川
川内山塊
津川
矢筈岳
1258
常浪川
室谷
破間川
守門岳
大白川
末沢川
鬼ヶ面山
八十里越
御神楽岳
黒又川
浅草岳
六十里越
只見
山都
毛猛山
枝折峠
未丈ヶ岳
只見川
田子倉湖
只見川
伊南川
銀山湖
荒沢岳
1624
朝日岳
博士山
1482
会津若松
大川
駒ヶ岳
2132
檜枝岐川
神籠ヶ岳
駒止峠
船鼻峠
檜枝岐
福島県
七ヶ岳
会津田島
黒岩山
2163
帝釈山
2060
帝釈山脈
荒海山
山王峠
男鹿山塊
那須連峰
1777
男鹿岳
三本槍岳
1915
甲子峠
川俣湖
日留賀岳
茶臼岳
鬼怒川
日光連山
女峰
五十里湖
川治
塩原
那珂川
阿武隈川
鬼怒川温泉
鬼怒川
箒川
蛇尾川
日光
栃木県
黒磯
白河

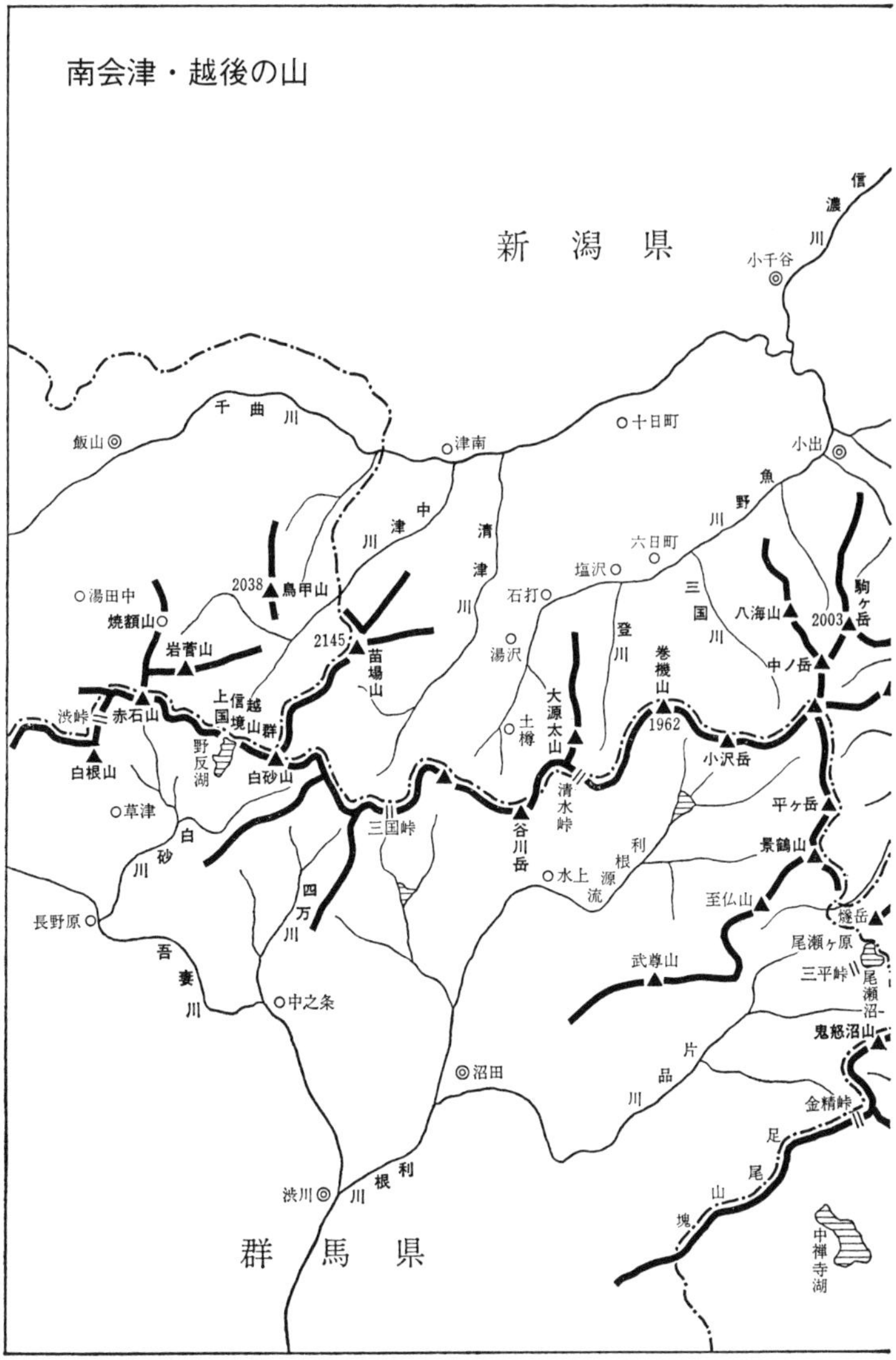
南会津・越後の山
新潟県
群馬県
信濃川
小千谷
千曲川
飯山
津南
十日町
小出
魚野川
中津川
清津川
六日町
塩沢
石打
湯沢
土樽
登川
三国川
駒ヶ岳
2003
八海山
中ノ岳
巻機山
1962
小沢岳
平ヶ岳
景鶴山
至仏山
燧岳
尾瀬ヶ原
三平峠
尾瀬沼
鬼怒沼山
武尊山
片品川
金精峠
足尾山塊
中禅寺湖
湯田中
焼額山
岩菅山
2038
鳥甲山
2145
苗場山
上信越国境山群
渋峠
赤石山
白根山
野反湖
白砂山
草津
白砂川
三国峠
四万川
谷川岳
大源太山
清水峠
水上
利根源流
長野原
吾妻川
中之条
沼田
渋川
利根川

もし本巻〔『日本登山大系』2〕を手にして南会津の山のバリエーション・ルートを計画するなら、あまりがつがつ登るような計画は立てないほうがいい。温泉が湧く山里、ひそやかな峠、ザイルはもたずにやぶこぎをするだけで頂上に立つ山などを計画に組み込んだほうがいい。そうすれば、その山行はきっと楽しいものになるはずだ。それが南会津の山々の魅力であるような気がする。

さて、本巻〔『日本登山大系』2〕で紹介する越後の山であるが、新潟県内の山をすべて網羅したわけではない。

北東から南西へ細長くのびる新潟県（越後）は、下越、中越、上越に三分されている。下越に属する朝日連峰、飯豊連峰は「北海道・東北の山」の巻、上越に属する妙高山、雨飾山、海谷山塊、明星山、鋒岳は「後立山・明星山・海谷・戸隠」の巻にそれぞれ収録され、「谷川岳」の巻に収められている谷川連峰を除いた中越の山々が本巻〔『日本登山大系』2〕で紹介されている。地域的には三分の一をさらに欠く範囲の山々であるが、けっして越後の山の残り物ではなく、ひとくせもふたくせもある山々がここにある。

谷といい、壁といい、悪さではわが国でも第一級とランクされる越後三山周辺を筆頭に、荒沢岳、平ヶ岳周辺。越後駒ヶ岳より東にのびる尾根が枝折峠を経て日向倉山で九十度折れ、北に向かって会越国境山地に接続する。非常に山深い会越国境山地の未丈ヶ岳、大鳥岳、毛猛山周辺。六十里越えの北にある鬼ヶ面山東面。独立峰のような印象の名山守門岳、八十里越の北側に秘境的な空間を有する矢筈岳、粟ヶ岳周辺。本巻〔『日本登山大系』2〕では数少ないクライミングエリア御神楽岳周辺。そして大水上山から越後沢山、小沢岳、巻機山へとのびる脊梁山脈の越後側。さらに越後大源太山周辺。谷川連峰をとび越して白砂山、苗場山、鳥甲山、岩菅山周辺。以上の山域をめぐる大小の沢や岩壁を紹介している。

例えば「頸城の山」とか「東北の山」というふうにカッコでくくると、そこに頭を並べる山々はそれぞれに個性的ではあっても、なにか共通項があるものだが、越後の山、しかも中越と地域的に限られているのに、それぞれの山はまったく異質な魅力に光っている。

そういう理由で、本巻〔『日本登山大系』2〕では紹介しそびれてしまった山々も、小なりとはいえ捨てがたい魅力を有している。飯豊連峰の前山とはいいながら独立した存在を主張する二王子岳、同じく飯豊前衛の焼峰山、新潟市に向かって九〇〇m級の峰を横に並べる五頭連峰、これらをめぐる沢は新潟市周辺の岳人の産湯となり、練成道場となったはずだ。弥彦山だってある。スラブ群の光る裸山や貝ノ嵓、鋭くルンゼが切り込む井戸小屋山は御神楽岳の北方にある小さな山だ。御神楽岳から西へと連なる会越国境上の日尊倉山、貉《むじな》ヶ森山、中ノ又山、八十里越え周辺。貉ヶ森山南面の滝沢など記録を散見するものもあるが、情報はほとんどないに等しい。高度が低いので技術的に困難というよりは、未知なるがゆえに生ずる不安感を抱かせる山域だろう。本巻〔『日本登山大系』2〕で紹介しえた山々とはさらに異質で、それぞれに個性的な山を収録しえなかったのは残念であった。

そして冬。駒止高原山地の温みある山や、夏には市民登山で賑わう五頭連峰ですら厳しい冬山に変身する。かと思うとやぶ山というひとことで切り捨てられていた山稜が、山スキーのハイグレードなルートとして生まれ変わったり、スキーハイキングの対象となりえたりもする。「南会津・越後の山」の範囲には、そんな山行をクリエートする喜びも残されているといえよう。

地方の時代という言葉がある。

谷川岳や八ヶ岳、あるいは穂高や剣岳は、都会の山であるといえようし、北海道や屋久島の山は遠征登山の疑似対象となってきた。それらの山と比べて考えると、南会津や越後の山は、〝地方の山〟以外のなにものでもあるまい。

本巻〔『日本登山大系』2〕が、これら不遇の山々の単なるガイドブックに堕ちることなく、読者諸賢のクリエイティブな山行に少しでも役立つように希うものである。

「南会津・越後の山」は、これからの時代の山なのだ。

最後に、山々が主として県境付近に連なっている関係上、収録している山域は巻名に反して福島、新潟両県にとどまらず、栃木、群馬、長野各県にも及んでいることをお断りしておきたい。

三　谷川岳

不思議な山だ。とらえどころがない。谷川岳などという透明清冽な山名を持っているのに、その正体となるとどうにも判然としない。

遭難者が多いせいで〝墓標の山〟なるおどろおどろしい烙印を押され、なにやら陰鬱なイメージが世間にひろまっているが、そんなものでひとくくりにできるほど、この山が単純であるはずもない。

たしかに、小雪散らつく日、たとえば灰色に塗りこめられた一ノ倉沢へ分け入っていくときなど、ふとわけもなく叫びだしたくなるほど陰鬱な雰囲気にとらわれることもある。だが、その同じ一ノ倉沢へ、季節めぐって、ある秋晴れの日にでかけたらどうなるか。おそらく、ぐるりをとり囲む岩膚の、さざめくような白さ明るさに、ヨーデルのひとつも、なろうことなら澄みきった声でうたいあげてみたくもなるだろう。

残雪に埋まった春のマチガ沢にしてもそうだ。あれほどおおらかでまばゆい沢筋はそうはざらにない。万太郎谷の豊満広大な斜面はどうか。俎嵓《まないたぐら》へ続く頂稜線の、あのきっぱりとして翳りのない気品はどうだ。どれもこれも陰鬱なイメージに反する場面ばかりだろう。これをあえて例外的な場面とみるなら、いっそ例外のほうが多くなる。

ひと尾根越えれば違う山、ひと風吹けば別世界。要するに、谷川岳は多様な表情を持った山ということになろうか。

位置がその最大の原因になっているらしい。

清水峠―谷川岳―万太郎山―三国峠と続く谷川連峰は、越後平野と関東平野との分水嶺、すなわち裏日本と表日本とを分ける、いわば劇的な位置にそびえて、裏日本から寄せる冬の北西風を受けとめ、まるで濾過するように大量の雪をしぼりとり、湿気のなくなった上澄みの風だけを通して、表日本を昏乾く砂塵の平野に変えてしまうのだという。

なるほど、「国境の長いトンネルを抜けると雪国であった」と書く川端康成の筆も、「三国嶺上に立ちて関東地方を願望すれば日々快晴なるにかかわらず、本郡一帯は凍雲暗澹として天日を見る能わず」としるす魚沼郡誌も、この間の事情を鮮かに証しているようだ。

こうした風雪の重圧と、融水、降水の擦過が、ある谷を深く刻み、ある頂稜をゆるやかに削りとって、大懸崖、V字谷、尖頂、円頂、カール……、〈剛〉から〈柔〉へのありとあらゆる地形をこの連峰に創りだしたと聞く。

植生にも影響を及ぼす。谷川連峰には亜高山性の針葉樹林がほとんど見られず、低山性の広葉樹林帯をぬけると、いきなり高山性の這松帯あるいは草原帯がひろがる。いわば、高山性植物が、厳しい気象条件の助けを借りて亜高山性植物の領域を奪っている。奪った結果、清楚で懦弱な高山性植物景観と、猥雑、剛毅な低山性植物景観とが直接に踵を接することになり、前記した地形の〈剛〉〈柔〉は、その形相を強められたり弱められたりしながら入りまじり、より複雑な外観を呈することになる。

谷川連峰の、こうしてできあがった多様な山容は、そこに躍る人間のかかわりあい方をも、やはり多様なものにした。生活登山と宗教登山と遊興登山。探検と登山と観光。尾根登りと沢登りと岩登り。スキーと雪壁登高と氷瀑登攀。アーティフィシャル・クライミング指向とフリー・クライミング指向……

人間によるどのように身勝手なかかわりあい方も、この山は受け入れてきた。わずか標高二〇〇〇m前後にして、これほどの消化力、適応力をもつ山群を他に知らない。谷川連峰は強靭な胃袋、偉大なる雑食家だ。

この連峰の山々は、もともとは東北マタギの活躍する狩猟の場だったらしいが、江戸時代に入って宗教登山の対象にもなり、谷川岳頂上（トマノ耳）に薬師岳、隣接するオキノ耳に浅間岳の名をそれぞれ今に伝える機縁をつくった。その後明治を経て大正時代を迎え、ようやくこの山群にも遊興登山者、すなわち登山を人間と山とのゲームとしてとらえる人々が跋扈するようになり、連峰はますますかの比類なき雑食家ぶりを発揮していくことになる。

遊興登山者で最初に谷川岳の頂上に立ったのは、地元の剣持政吉を案内に頼む藤島敏夫と森喬の二人だった。土樽から茂倉岳へ登り、一ノ倉岳、谷川岳と縦走して、天神尾根を谷川温泉へ下っている。以降、木暮理太郎、武田久吉らが連峰の南部、西部を歩き、一高旅行部が万太郎谷を遡行し、松本善二らが連峰の全山縦走をなしとげ、ついには大島亮吉を嚆矢とするバリエーション・ルート開拓へとつながっていく。

バリエーション・ルートの開拓期は、昭和に入り清水トンネルの開通工事を利することによって幕が開き、同六年の開通を機して大島亮吉が谷川岳を評していう「近くてよい山なり」は現実化し、ますます拍車がかかることになった。そして紆余曲折の時は流れ、昭和三十年代すなわち一九六〇年前後に至り、難攻不落を誇っていた一ノ倉沢の大物岩壁が夏、冬を通じて次々と人間の手に落ちていき、さて開拓期は一気に絶頂へと駆けあがる。

絶頂まで昇りつめれば、あとの経緯はいわずもがな。〃初登攀〃の気負いと息づかいはこの連峰から急速に失われていかざるをえなかった。やがて、心なしか背筋を丸める〃落穂ひろい〃のいっときを経て、一転てらいのない今日の谷川風俗へと流れこんでいくのである。

もはや、これといって主軸の役割を果たす大号令の動きはこの山では見られなくなった。

その代りに、古いの、新しいの、抹香臭いの、バタ臭いの、あたり前の、珍奇なの、様々なかかわりあい方が同時並存する時代が訪れた。

　E谷でボルト連打作戦がくりひろげられているかと思えば、T壁ではフリー化が挑まれている。バンダナ頭がフライ・フィッシングと洒落ているそのわきを、麦わら帽子に地下足袋風情が、どことなく瞑想的な影をゆらせて遡っていく。雪と岩とのミックス壁をじりじりと攻め攀っている猛者連がいるかと思えば、そのすぐ横手の氷瀑には、ダブル・アックスをきらめかせたアベックが、黄色い声と茶色い声をにぎやかに散らせている。さては直登する者あり、横切る者あり。岩から谷へ、谷から岩へと走りぬけて得々としている顔あり、ショート・ルートを日がな一日かけて悠然と登りきる顔あり。

　多様な表情をもつ谷川連峰に、多様なかかわりあい方が混在している。まずはすばらしき〈極相の時代〉の到来といっておこうか。ちなみに極相とは、森林内の植生が遷移していき、その森林がついに最も強固で最も豊かな状態に行きついた様をいうらしい。だから、ここで〈極相の時代〉の到来といえば、谷川連峰とわれら人間との関係が最もたくましく熟成した時代……

　そう思おうではないか。そう信じたから、そう願えばこそに、あえてすべての岩場と沢とを網羅した〈面〉としての谷川連峰を、そこに展開する極相の一端を私たちは本書に編もう

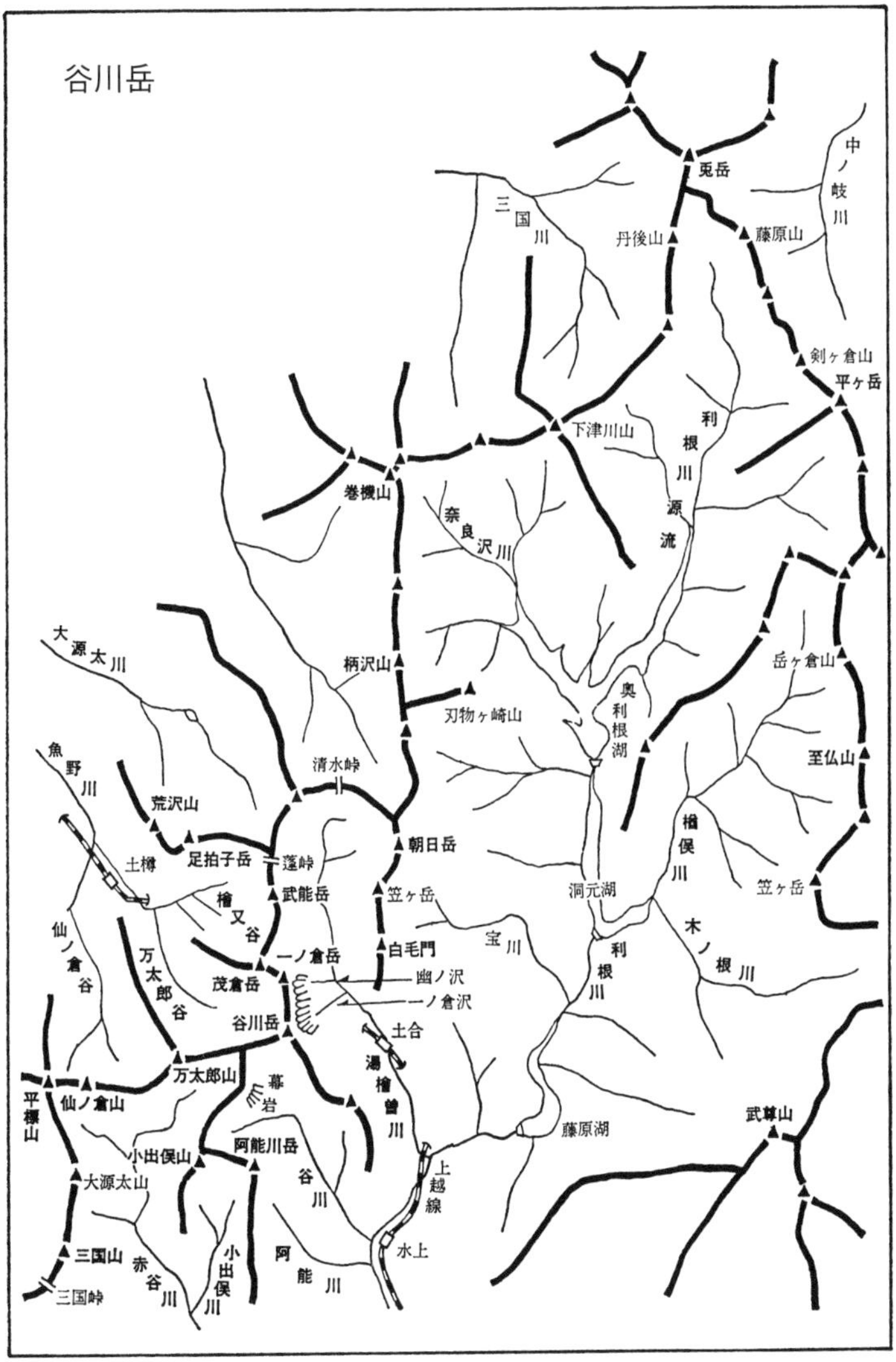
谷川岳
兎岳
丹後山
藤原山
中ノ岐川
三国川
剣ヶ倉山
平ヶ岳
下津川山
利根川源流
巻機山
奈良沢川
大源太川
柄沢山
刃物ヶ崎山
奥利根湖
岳ヶ倉山
魚野川
清水峠
至仏山
荒沢山
朝日岳
楢俣川
土樽
足拍子岳
蓬峠
武能岳
洞元湖
笠ヶ岳
笠ヶ岳
檜又谷
白毛門
宝川
木ノ根川
仙ノ倉谷
万太郎谷
一ノ倉岳
利根川
茂倉岳
幽ノ沢
一ノ倉沢
谷川岳
土合
万太郎山
湯檜曽川
平標山
仙ノ倉山
幕岩
藤原湖
武尊山
小出俣山
阿能川岳
上越線
大源太山
谷川
三国山
赤谷川
小出俣川
阿能川
水上
三国峠

とするのである。結果は知らず、あとは読者諸賢の叱正を謹んで待ちたいと思う。

なお、付記しておきたいことが一つある。群馬県谷川岳遭難防止条例に関してである。この条例は、谷川岳の東面と南面への登山を規制するものであるが、その詳細内容を〔『日本登山大系』3の〕巻末に付しておいた。違憲性の疑義など、この条例そのものには問題点も多いが、現実に制定施行されている以上は無視するわけにもいかないだろう。この方面へ入山される方は面倒でも一読を願いたいと思う。

四　東京近郊の山

本巻〔『日本登山大系』4〕を通読してみて改めて感じ入った。山のバラエティ・ショップの趣きがある。

標高三七七六mの富士山があるかと思えば、ふだんは標高など語られることもないほんの裏山の日和田山もある。いわば陽性の雰囲気をもつ丹沢に対しては、陰湿に潤う奥多摩が互している。人跡まれな裏女峰と住宅街に囲まれた鷹取山、岩の山と樹林の山、丘陵と鋭鋒、さては谷風の頂に海風の峰……

一〇〇〇万人余を擁する大都会の周囲に、これほど多様で豊かな山地が起伏していれば、たとえ山の端も見えないビル群の片隅に暮らしていても、なおその山々に想いをはせる登山愛好者があまたいて不思議はない。

だから、あるひとは、すこしはにかみながら、東京を「岳都」と呼んだ。

「岳都」を囲む宿命だろうか、これら多士済々の山は、だが一部を除けば人間の手による馴化がかなり進んでいる。すなわちゲレンデ化である。沢登りを代表する丹沢や奥多摩、岩登りの三ツ峠、氷瀑登りの松木川や雲龍渓谷、氷雪登りの富士山、これらの有名どころはいうまでもなく、無名のあの山、この山も大なり小なりゲレンデ化の波をかぶっている。

ゲレンデ化とは、いいかえて庭園化であろう。別にそこに花を植え、水をまくわけではないが、山裾を車道がくねり、枝尾根にも径がひかれ、滝には巻き道が刻まれ、岩場では浮石がとり除かれ、ゆるんだハーケンはしっかりと打ちなおされ、濃密な情報があたり一面をすっぽり覆い、ついに自然を半自然化して人間の管理下におく（おいたように思う）、それである。

「岳都」に寄りそう自然が、登山者を先達とした圧倒的な人海攻勢によって、かく庭園化するのは、登山者にとって嘆くに価するし、嘆くのが常識になっている。だが嘆くのは登山者たるあなたと私で、嘆かれるのもまた登山者であるあなたと私となると、この常識はすこし自家撞着のにおいがする。

そこででてくるのが、こうした庭園化をむしろ積極的に評価するほうがまだしも矛盾がないし、利巧なやり方だとする議論である。

一九六〇年代からしばしば耳にするようになった〝登山のいきづまり〟が、実は〝登山のしかたのいきづまり〟、いわゆるエクスペディション至上主義の破産でしかなかったことが

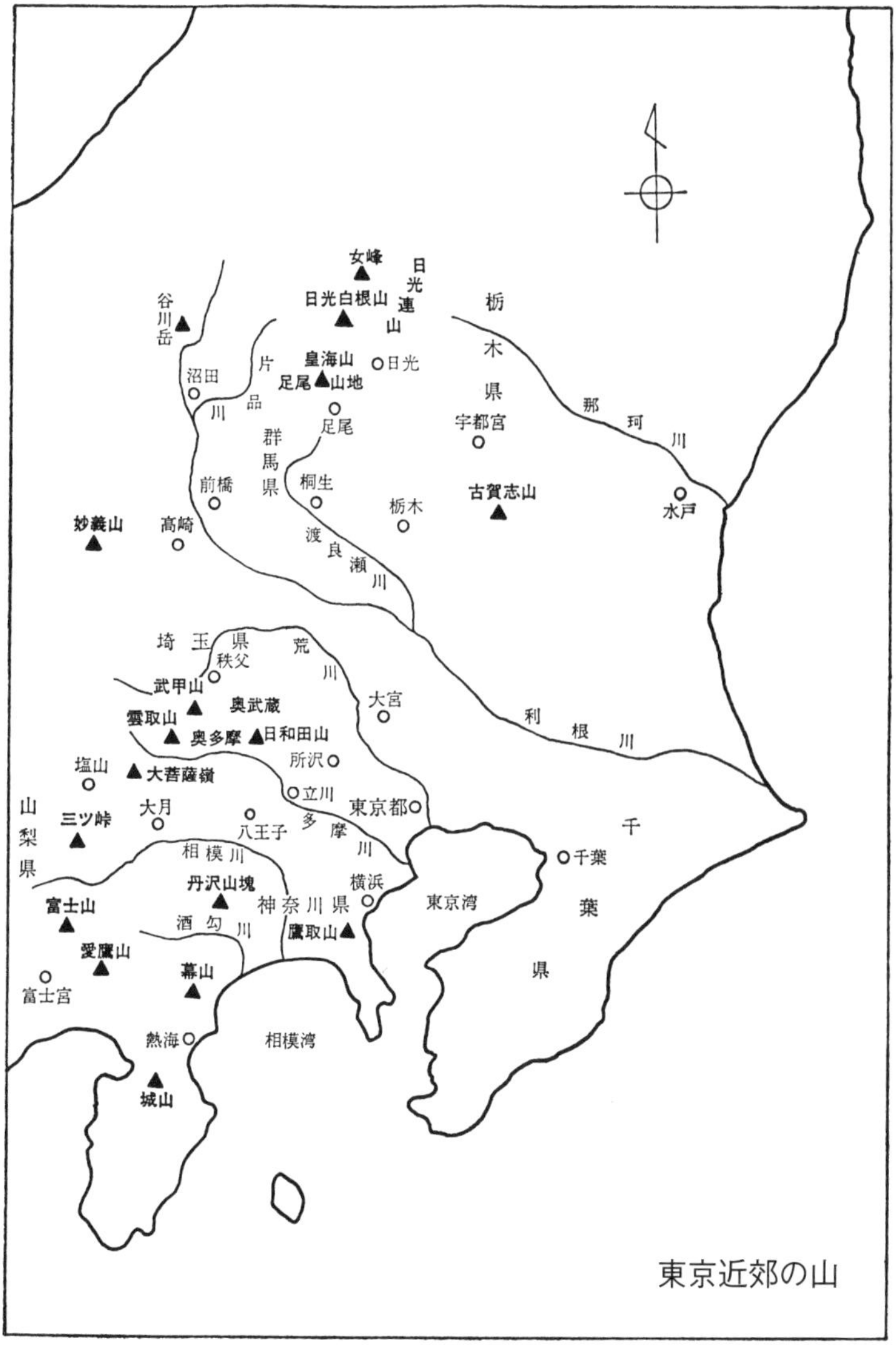
女峰
日光連山
日光白根山
谷川岳
栃木県
皇海山
日光
沼田
片品川
足尾山地
足尾
那珂川
宇都宮
群馬県
前橋
桐生
栃木
古賀志山
水戸
妙義山
高崎
渡良瀬川
埼玉県
荒川
秩父
武甲山
奥武蔵
大宮
雲取山
奥多摩
日和田山
利根川
所沢
塩山
大菩薩嶺
立川
東京都
山梨県
三ツ峠
大月
八王子
多摩川
千葉県
相模川
千葉
丹沢山塊
横浜
神奈川県
東京湾
富士山
酒匂川
鷹取山
愛鷹山
幕山
富士宮
熱海
相模湾
城山

東京近郊の山

はっきりしたいま、その隘路からぬけだす鍵は、エクスペディションとは対極に位置するゲレンデ・クライミングの中にこそ隠されている、というのである。

あるいはまたもっと実感的に、しがらみをほぐし束ねる困憊の日常生活であってみれば、気負いも、煩雑な心理的手続きもいらず、ただひたすらクライミングの中だけに没入できる、ゲレンデなればこその真っ白な空隙の週末があってもいい、というのである。

わからないではない。事実、登攀界の昨今の動向は、ゲレンデ・クライミングから生まれでた行動様式の育成と展開を、世界的な規模でおし進めてきているし、〝真っ白な空隙〟の魅力は、若年層ばかりか、かつてなら現役を退いてとうぜんの年配層をも近郊の沢や岩場に招きよせているからである。

本書も、どちらかというと、こうしたゲレンデ化の傾向をやむをえない現実としてとらえ、その現実にせめて正面から取り組もうとする立場をとっている。ゲレンデは〝本番〟に向かうためのたんなる〝練習場〟だけではなく、優れてそこ独自の自足性と完結性をそなえた、それなりの〝本番〟でもあるという認識をもちたいとして編まれている。それというのも、この認識は、一見するところ現実への迎合という小賢しい側面をもちながらも、なお感性でとらえれば、ゲレンデそのものに対する〝愛〟だろうし、知性でとりだせば、ゲレンデを破壊する種々すべての動きに対する〝武器〟となるはずだからである。

ところで、この巻〔『日本登山大系』4〕は約一八〇本の沢ルート（氷瀑を含む）、約一〇本の氷雪ルート、約二四〇本の岩登りルートが収録されているが、岩登りルートに付された難易度グレードについて一言お断りしておきたい。

ここ数年来のフリー・クライミング旋風（これもいわばゲレンデ・クライミングからわきおこった新しい波である）によって、かつてなら考えられなかったほどの高難度のルートが続々と名のりをあげるようになったが、このてのルートのグレーディング、特にⅥ級以上のそれについては、現状ではまだ必ずしも世のコンセンサスを得られているとはいえず、またⅤ級以下のグレードについても、Ⅵ級以上の出現がグレード体系そのものにいくばくかの影響を与えることによって、ある種の動揺をきたしている気配がうかがえる。

本書に付されたグレードもこうした昨今の波動を逃れえてはおらず、したがって、ことによるとやや首をかしげたくなるⅥ級ルートがでてくるかもしれないし、あるいは同じⅣ級がつけられていても、A岩甲ルートのそれとB岩乙ルートのそれとの間に差を感じる場面もあるかもしれない。謝して寛容を願う。

五　剣岳・黒部・立山

富山平野から遥かに望む立山連峰の白い山並は、三〇〇〇mの高みにある日の恍惚を強烈に想い起こさせる。

後立山の稜線から、雲湧く黒部の谷の向こうに眺める三ノ窓の雪渓の輝きは、八ツ峰、チンネの楽しい登攀へと誘《いざな》う。

そしてにぎやかな槍、穂高での登攀を終え、双六、三俣蓮華と越えてきた者たちは、眼下に広がる黒部源流のおだやかな流れの先に、あの轟轟たる大暗峡が待っているのかとの目眩《めまい》にも似た思いにとらわれるだろう。

剣岳、黒部、立山…この三つの名には、わが国の登山のすべてが収斂されているといっても過言ではない。

巨大な岩の塊、剣岳は近代登山の象徴であり、この豪壮な岩塊の南にたおやかに連なる立山は古来、信仰登山の霊場として崇《あが》められてきた。そしてその東面を深くえぐる黒部川は、この国に近代登山がもたらされる以前から行われていた、谷を遡る山登りを代表する渓谷である。これほどまでに、山と登る人間との交わりの歴史のすべてが、ひとつの山域に包含されている山は稀であろう。

剣岳はその全身から鋼鉄のような力強さを発散させながらも、どこか大いなる静けさを感じさせ、暗く無気味な黒部の大ゴルジュからはそれでいて陽の動感を覚える……不思議な山々だ……。

北アルプスの北西に座するこの山や谷を想う時、そこに浮かんでくるのは圧倒的な量感と豪壮さであり、これこそが多くの登山者をひきつけ、そして他の山岳でその技を磨いた強者《つわもの》たちを魅了し続けるのであろう。

剣岳はその昔は立山連峰の五つの支峰の一つと見られていたらしい。八世紀初頭といわれる、その立山の開山はわが国において最も早いものの一つとされている。以来、幾世紀にわたり全国からの信者を集める霊峰として広く知られてきた。明治以降の近代登山史の初期においても、この山の果たした役割は大きいものがある。

しかし、その近代登山が目ざましい速度で歩み始めた中で、主役の座が隣にそびえる一、峰へと移ってしまうのには、さほどの時を要しなかった。いっさいの贅肉をそぎ落とし傲然とそびえ立つその峰は、新しい登山に燃えた熱い視線で眺めればとても支峰などと呼んですむものではなく、かつての主を足元に従える王者の姿そのものであった。

この王者、剣岳に登場してきたピッケルとザイルを携えた新しい時代の修験者たちは、遠い昔にこの頂に立った行者たちに負けぬ意志と情熱でこの峰に立ち向かい、岩場を攀じ、雪の岩稜を伝い、この鋼鉄の山を近代登山のメッカへと築き上げていった。この初期バリエーション開拓までの長い年月、剣岳にパイオニア・ワークを発揮し続けた中心は大学山岳部の俊英たちであり、遠く海外の山へと想いを馳せた彼らが残したチンネ、ジャンダルム、クレオパトラ・ニードルの名は、本邦屈指のアルペン的風貌を誇るこの山のシンボルとして、以来不可欠のものとなった。

……そして戦後の、ディフィカルト・バリエーション隆盛の中に、社会人山岳会が大きく擡頭してきたのであった……。

こうして、日本海からの風雪をまっ先に受けとめる姿そのままに、剣岳がいつの世にも近代登山の新しい波をかぶり続ける一方、この山の東面に深く隠れた黒部の谷は、今も昔も変わらぬ楽しみを登山者に与え続けてくれている。

アルペン・ルートや宇奈月からの観光ルートの完成で、秘境といわれた黒部の良さが半減

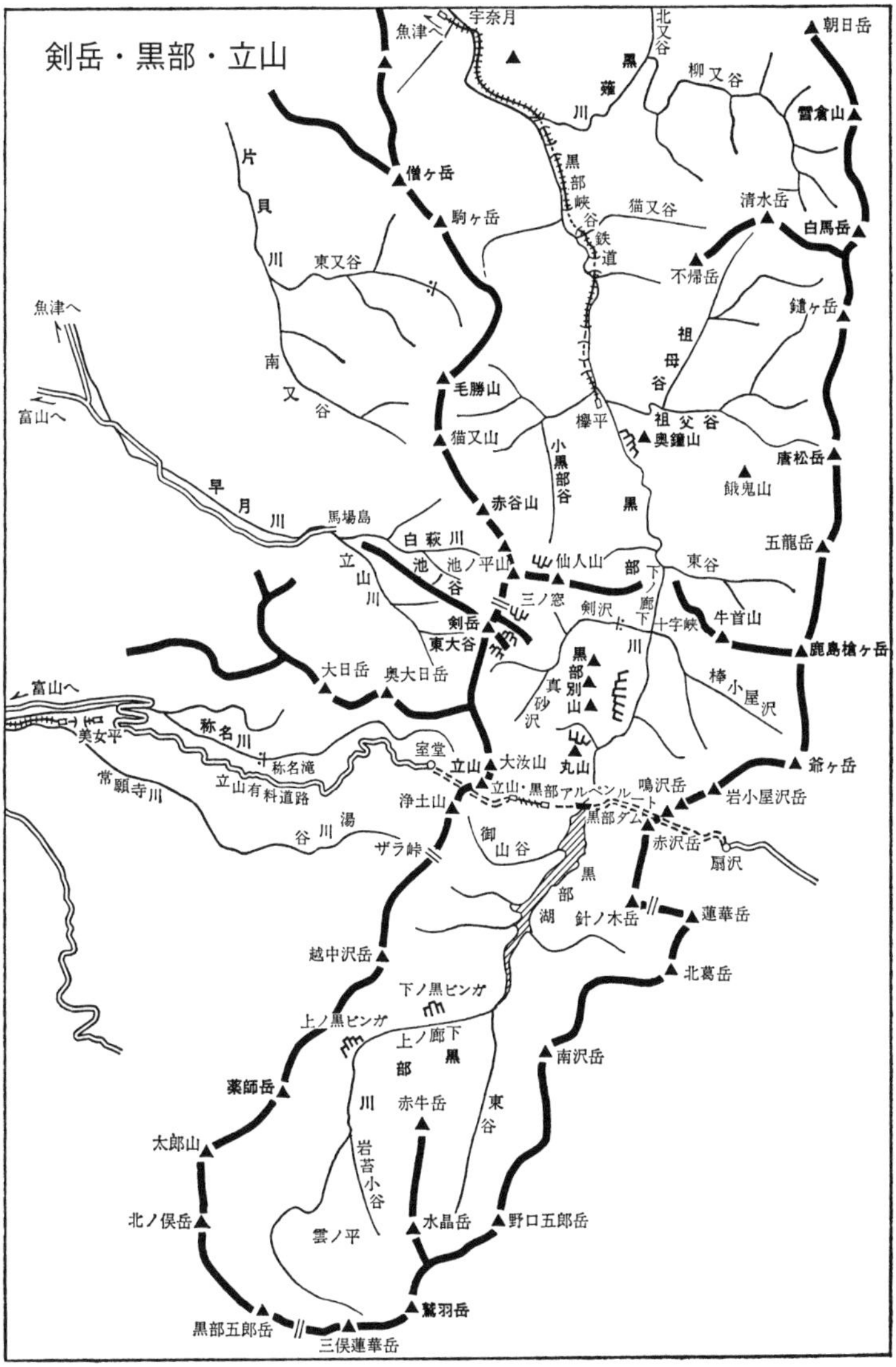
剣岳・黒部・立山
宇奈月
魚津へ
北又谷
朝日岳
黒薙川
柳又谷
雪倉山
片貝川
僧ヶ岳
黒部峡谷鉄道
駒ヶ岳
猫又谷
清水岳
白馬岳
東又谷
不帰岳
魚津へ
鑓ヶ岳
祖母谷
南又谷
毛勝山
富山へ
欅平
祖父谷
猫又山
奥鐘山
唐松岳
小黒部谷
餓鬼山
早月川
赤谷山
黒部川
馬場島
白萩川
五龍岳
立山川
池ノ谷
池ノ平山
仙人山
東谷
下ノ廊下
三ノ窓
剣沢
十字峡
牛首山
剣岳
東大谷
鹿島槍ヶ岳
大日岳
奥大日岳
黒部別山
真砂沢
棒小屋沢
富山へ
称名川
美女平
室堂
爺ヶ岳
称名滝
立山
大汝山
丸山
常願寺川
立山有料道路
立山・黒部アルペンルート
鳴沢岳
岩小屋沢岳
浄土山
黒部ダム
湯川谷
御山谷
赤沢岳
扇沢
ザラ峠
黒部湖
針ノ木岳
蓮華岳
越中沢岳
北葛岳
下ノ黒ビンガ
上ノ黒ビンガ
上ノ廊下
黒部川
南沢岳
薬師岳
赤牛岳
東谷
太郎山
岩苔小谷
北ノ俣岳
水晶岳
野口五郎岳
雲ノ平
鷲羽岳
黒部五郎岳
三俣蓮華岳

したと嘆く者もいる。しかし剣や黒部がより身近になり、その恩恵を受けているのも登山者であろう。今さら嘆いたところで始まらない。冷静に受けとめ対応していくことこそ賢明ではあるまいか。確かに、大暗峡の神秘性はそがれ、下ノ廊下の激流もおだやかな流れと化し、冠松次郎氏が縦横にパイオニア・ワークを発揮した〝良き黒部の時代〟は遠く去りはしたが、八千八谷四十八ヶ瀬を有するといわれる黒部のすばらしさはこれしきのことで失せはしない。幾ばくかの原始性を失った代償として我々は流れの懐に容易に飛びこむことができるようになったし、往時にはただ見上げるだけであった丸山、大タテガビン、奥鐘山などの黒部の大岩壁をわが手中に納めたのである。

昭和三十年代の後半から登場したこれらの大岩壁は、穂高岳屏風岩や谷川岳一ノ倉沢の岩壁をわが国における人工登攀の幕開けを告げる時代の象徴とするならば、その登攀技術が大きく花ひらいた時代を象徴するものといえよう。他所には得難いスケールと困難性を有するこれらの岩壁も、今では冬期でさえその登攀条件や質が問われるまでに至っている。

冬期！……。登山技術の発展と用具の改良により、穂高や一ノ倉の冬さえも先鋭な登山者たちにはゲレンデと化しつつあるような時代にありながら、剣岳におけるバリエーション・ルートの冬期登攀は一部に記録を見るのみで、その多くが未だ手つかずの状態であり、冬の厳しさを如実に物語っている。この山の湿った重い豪雪と烈風の中での登攀には、繊細なテクニックのみの華奢な小次郎的冬山技術では歯もたたない。ここに必要なのは強い精神力と、豪剣武蔵のごとく鍛えあげられた冬山技術である。他を圧するその厳しさゆえに冬の剣は大きな夢を今後に投げかけている。

ところでこの季節、豪雪や烈風にも増して登山者は気にとめておかねばならないことがある。昭和四十一年三月より施行された「富山県登山届出条例」である。一部地域に関しては実質上登山禁止にも等しいその内容は、当初より違憲性など多くの議論を呼び今日に至っているが、現実に制定施行されている以上は無視するわけにもいかないだろう。〔『日本登山大系5の』巻末にその全文を付しておいたので、この方面に入山される方は一読願いたいと思う。

本書は表題の山域のすべてを収録対象としたが、ただ、後立山連峰の黒部川側の尾根と、スバリ岳、赤沢岳西面の岩場については、アプローチその他の観点から本大系第六巻の『後立山・頸城』に収録したのでそちらを参照願いたい。

六　後立山・明星山・海谷・戸隠

「西山の猿はやさしい顔をしているが、東山の猿はけわしい顔をしている」

西山と東山との山間《やまあい》に住む人々はそういうそうだ。西山とは後立山連峰のことで、東山の猿は大糸線をへだてた向こう側にいつも嶮しい西山をみているからけわしい顔になり、西山の猿はのどかな東山を眺めているからやさしい顔をしているのだという。

飛騨山脈の北部、白馬岳、杓子岳、白馬鑓ヶ岳、天狗、不帰、唐松岳、五龍岳、鹿島槍ヶ岳、爺ヶ岳、岩小屋沢岳、鳴沢岳、赤沢岳、スバリ岳、針ノ木岳、蓮華岳と連なる山々は、後立山連峰とひとつにくくられてしまうことで、ずいぶん損をしているように思えてならない。白馬岳から蓮華岳までの距離は、槍―奥穂あるいは剣―立山に比べて数倍ある上に、三〇〇〇mを超える山はないとはいえ、二九三三mの白馬岳を筆頭に二九〇三mの白馬鑓、二八九〇mの鹿島槍以下、日本アルプスの名に恥じない高峰が連なっているのだ。しかも登山口の多くは長野県側あるのに、なぜ後立山なのか。「立山の後ろ側の山」という呼び方は、富山県側

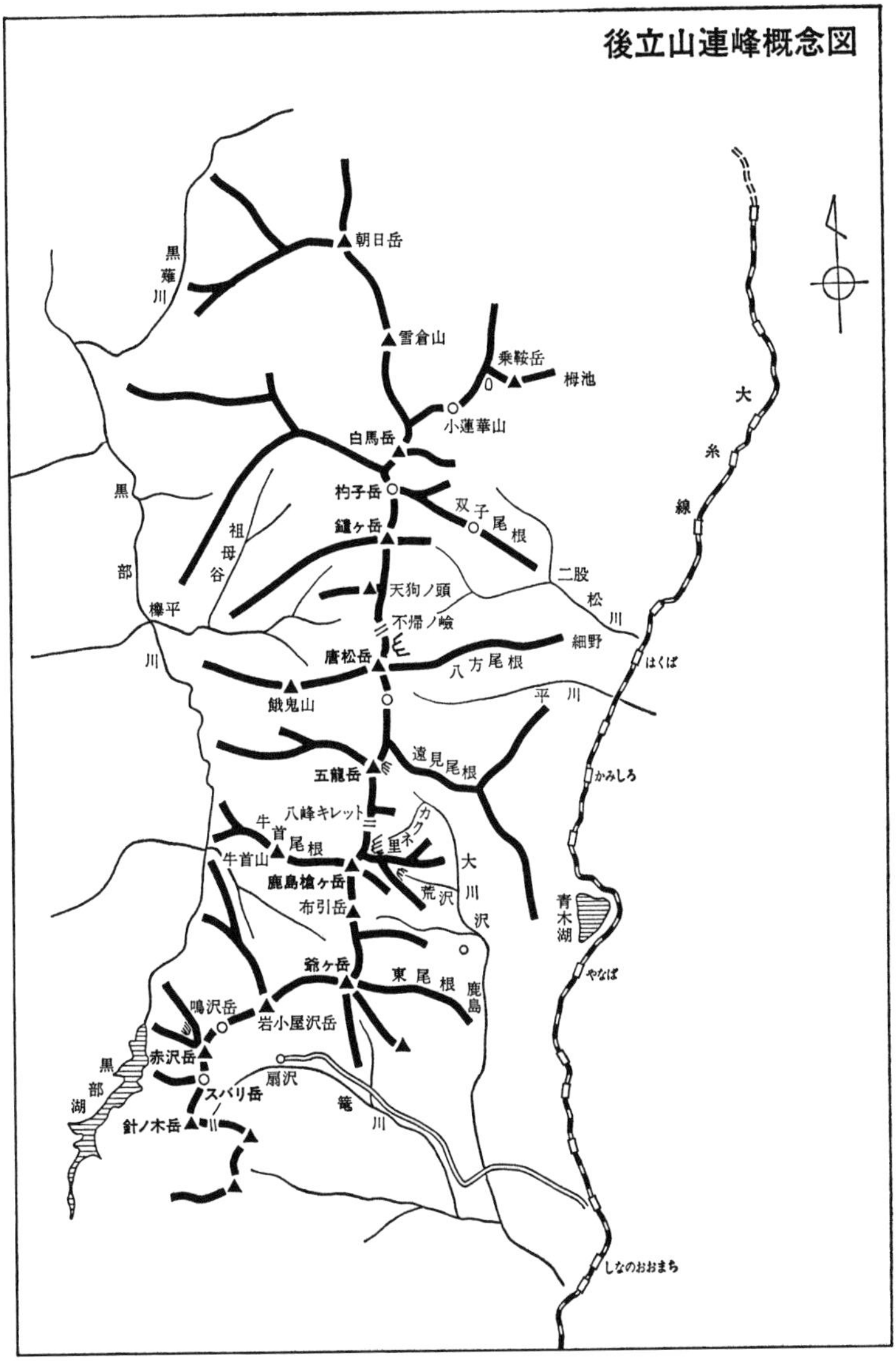
朝日岳
黒薙川
雪倉山
乗鞍岳
栂池
小蓮華山
白馬岳
杓子岳
双子尾根
鑓ヶ岳
祖母谷
黒部川
天狗ノ頭
二股
松川
欅平
不帰ノ嶮
細野
唐松岳
八方尾根
はくば
餓鬼山
平川
大糸線
遠見尾根
五龍岳
かみしろ
八峰キレット
牛首尾根
カクネ里
牛首山
大川沢
鹿島槍ヶ岳
荒沢
布引岳
青木湖
爺ヶ岳
東尾根
鹿島
やなば
鳴沢岳
岩小屋沢岳
赤沢岳
黒部湖
扇沢
スバリ岳
籠川
針ノ木岳
しなのおおまち
後立山連峰概念図

のものではないか。

たしかに槍・穂や剣の個性の強烈さに比べ、特にしゃしゃり出る山もなく屛風のように頭を並べているだけといわれればその通りだ。だがそれだけに、ひとつひとつの山と、より直接的に関わるのが大切なのではなかろうか。

この山域の気候、地形、地質などについては文献も多いのでそれらを参照していただくことにして省略、以下、代表的な山々のバリエーション・ルートについて編者〔柏瀬祐之、岩崎元郎、小泉弘〕の夢を紹介しておこう。

白馬岳といえばだれもがお花畑を連想してやさしい気持ちにさせてくれる山であるが、杓子岳、白馬鑓ヶ岳を加えた三山東面のバリエーションに目を向ければ、キャラバン姿の女の子はたちまち消えて、ぴりっとした気持ちにさせてくれるだろう。登攀適期は残雪期、ゴールデンウィーク頃ということになる。二、三のルートを除いては登攀というよりは登高の中級者向きの好ルートなので、雪上訓練も兼ねて若い仲間と入山したいところだ。

不帰ではなんといっても二峰東壁下部三角から上部三角への継続登攀に憧れる。それはまた、古くは旧制甲南高校、戦後は東京白稜会や独標登高会の、不帰へ情熱をかたむけたクライマーたちへの憧れの念でもある。

五龍東面のバリエーションは、鹿島槍北壁に並んで在るために損しているが、西遠見あたりにベース・キャンプを張って、GⅡでものんびり登れたら楽しかろう。

鹿島槍では、荒沢奥壁ダイレクトルンゼから北壁中央ルンゼの継続登攀がいい。残雪期に大川沢を遡ってカクネ里に入り、主稜を登って北峰に立つ、というのはどうだろうか。いずれにせよかなりハードな登攀になるだろう。

爺ヶ岳東面の尾根は若い仲間たちだけで登らせてみよう。北稜や西俣奥壁は上級者向きだが、冷尾根、東尾根、南尾根なら彼らは自分たちの力で登り自信をつけて下ってくるはずだ。

この山域の各峰から黒部側に派生している尾根を積雪期登山の対象として考えると、こいつはちょっと大事《おおごと》である。アプローチにしてからが容易でないので、日数に余裕がある者でないと計画すら立てられない。もし日数と体力に余裕があるとしたら、思いきって鹿島槍と剣とを結んでしまいたい。

赤沢岳・スバリ岳西面の岩場は、この山域にあっては最も岩場らしい岩場といえそうだ。アプローチの不便さとベース・キャンプ設営地として恵まれた場所のないことが、この岩場の静寂を守っているが、力をつけた若いクライマーが進出すべき岩場なのではないかと思う。

麓にはコブシの白い花が咲く五月、大町から糸魚川へと向かう国道一四八号線を車で走るとき、窓ガラス越しに見える白く輝く後立山連峰は、両手両足、そして山恋いする心がムズムズするような、胸ときめく光景である。

頸城の山々は高さこそ二五〇〇ｍを超える頂を持たないが、新潟県南西部から長野県北東部にかけて個性的な山山を聳立させている。後立山のように一続きの山陵ではなく、連峰とか山塊というより頸城山群という呼び方がふさわしいと思う。わが国屈指の懸崖を有し、盛夏になお雪を残す深い谷をふところに抱いているかと思うと、のびやかな高原がひろがり、麓の登山基地には温泉が湧き出している工合だ。変化に富み、それぞれの山が個性豊かな頸城山群の山々は「山高きが故に貴からず」を証明しているといえよう。以下、山群を構成している山々のプロフィールを紹介する。

明星山と黒姫山は白馬岳北方稜線上の犬ヶ岳から北東に派生する支尾根上の頭を持ち上げている。いずれも石灰岩の岩場を有しているが、特に本巻〔『日本登山大系』6〕で紹介する明星山の岩場は実力あるクライマーに人気がある。それは圧倒的なP6南壁の存在ばかりでなく、村里の素朴な雰囲気にも心魅かれるものがあるからであろう。

姫川をはさんで明星山と対応しているのが海谷山塊である。海川をふところに抱いてその左右両岸に連なる古火山帯は、千数百ｍに頭をそろえながら、深い渓谷をうがち、高い懸崖をはりめぐらして、気軽には手を出しかねる厳しい雰囲気である。集塊岩質の脆弱な岩壁群は草付きが多いとはいえ、わが国では見なれぬ特異な存在である。冬ともなれば丈余の雪にその鋭さはさらに増して魅力的になる。かつて泥壁と呼んで切り捨てていた人々にも海谷山

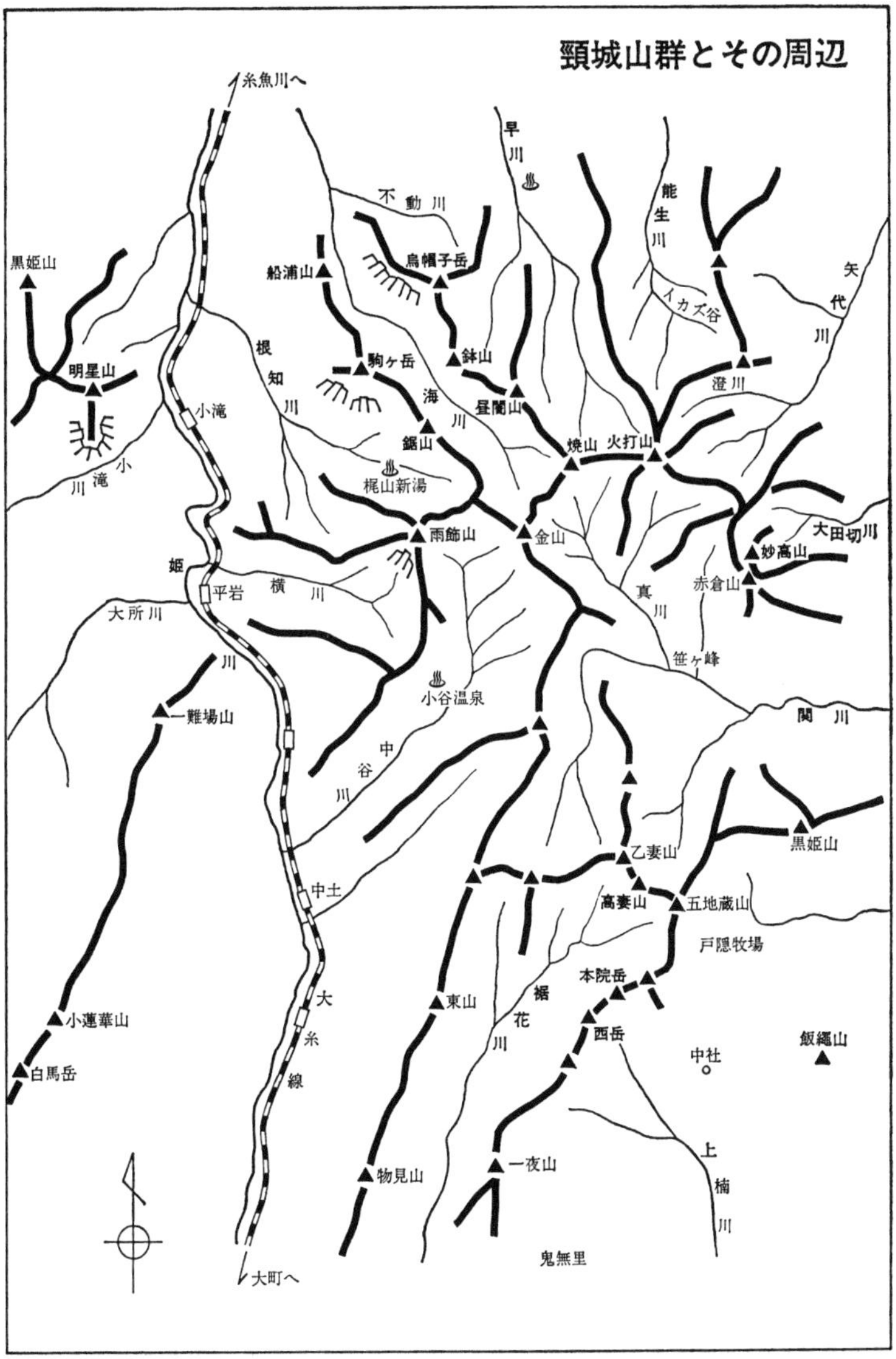
頸城山群とその周辺
糸魚川へ
早川
不動川
能生川
烏帽子岳
船浦山
黒姫山
矢代川
ヘカズ谷
根知川
駒ヶ岳
鉢山
明星山
海川
昼闇山
澄川
小滝
鋸山
焼山
火打山
小滝川
梶山新湯
雨飾山
金山
大田切川
妙高山
姫川
平岩
横川
赤倉山
大所川
真川
笹ヶ峰
小谷温泉
難場山
関川
中谷川
黒姫山
乙妻山
中土
高妻山
五地蔵山
戸隠牧場
本院岳
大糸線
東山
裾花川
小蓮華山
西岳
飯縄山
中社
白馬岳
上楠川
物見山
一夜山
鬼無里
大町へ

塊の魅力が理解されてきたのか、この壁を訪れるクライマーは年々増えてきている。

雨飾山、金山、天狗原山と大海川をとり囲む山々は、雨飾山だけが浸食が進み、山頂付近に険しい崖を作った。雨飾山は鋭く双耳峰をそば立たせて明快な存在である。近代登山の初期の頃から何回か雨飾山ブームがあったと聞くが、山が独立して見えるだけに、登山対象として選ばれやすいのかもしれない。フトンビシ岩峰群や前沢奥壁からの登頂は、この山のもつアトモスフィアをより深く味わえることになる。

雨飾山から金山、焼山とたどっていくと、この山域の最高峰二四六二mの火打山となる。頸城山塊の盟主は堂々たる二重火山の妙高山である。妙高と火打を囲む谷は、地元岳人の熱意によってすべての沢が踏査されているが、入谷中に人に会うことはまずないプリミティブな流域である。

火打山から北にのびる尾根は鉾ヶ岳山塊をおこし、北東にのびる尾根はいくつかの峰を連ねて矢代山地と呼ばれている。本巻〔『日本登山大系』6〕では能生川支流の島道川流域にある滝ノ内沢だけしか紹介されていないが、鉾ヶ岳をとり囲む深い谷や柵《ませ》口牧場に臨む権現東壁のスラブにも魅力があり、静かなたたずまいを見せるこの山域も記憶にとどめておいていいだろう。

雨飾山のところでちょっとふれた金山から天狗原山の稜線はさらに南にのび堂津岳で二分、

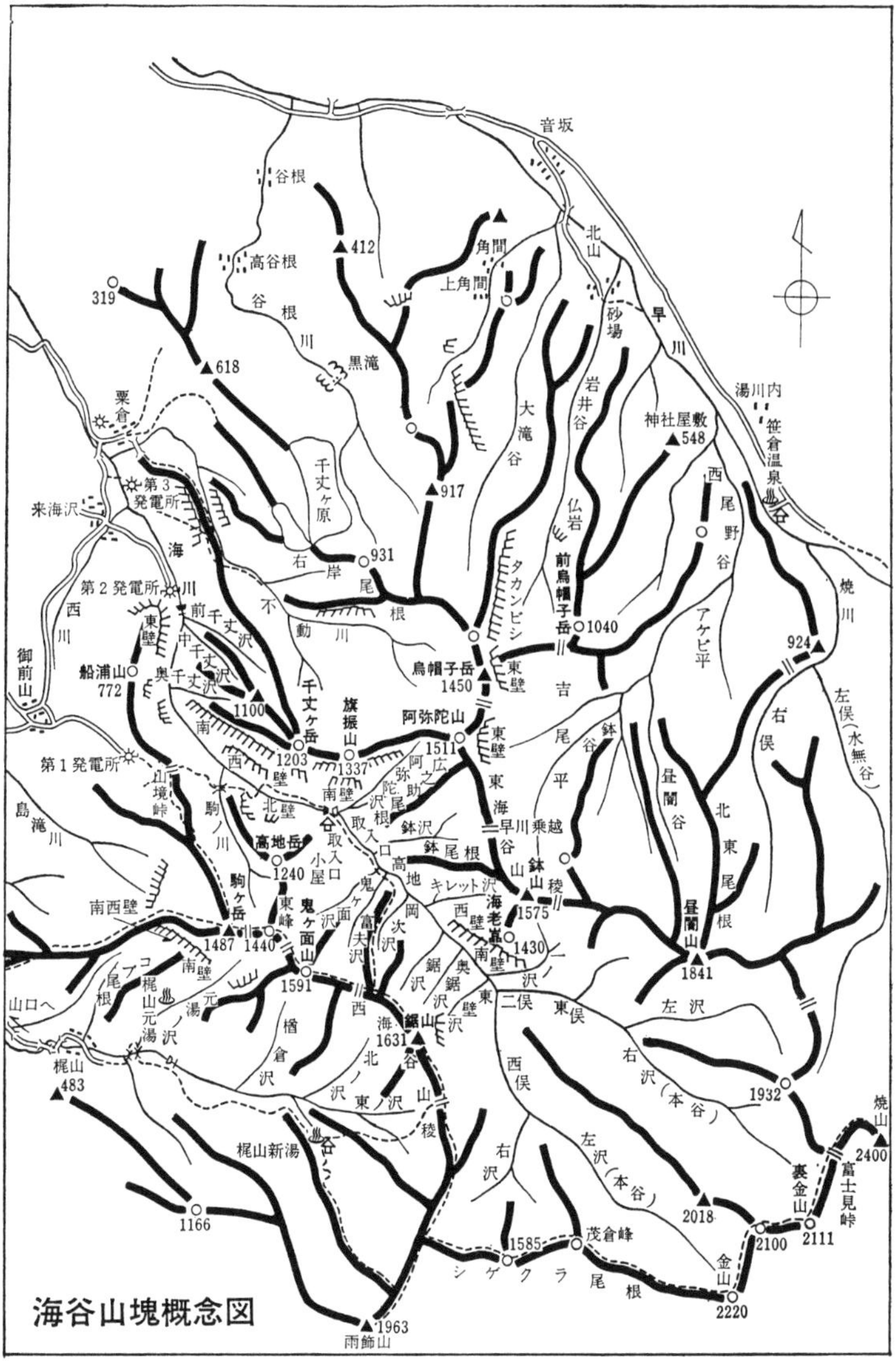
音坂
谷根
高谷根
谷根川
黒滝
角間
上角間
北山
砂場
早川
湯川内
笹倉温泉
岩井谷
神社屋敷
548
大滝谷
412
618
319
917
931
千丈ヶ原
栗倉
第3発電所
来海沢
第2発電所
海川
西川
御前山
船浦山
772
東壁
前千丈沢
中千丈沢
奥千丈沢
1100
千丈ヶ岳
1203
旗振山
1337
阿弥陀山
1511
烏帽子岳
1450
前烏帽子岳
1040
仏岩
タカンビシ
吉尾平
アケビ平
西尾野谷
焼川
924
右俣
左俣（水無谷）
昼闇谷
北東尾根
昼闇山
1841
鉢山
1575
海老嵓
1430
東海谷
早川乗越
鉢沢
鉢尾根
高地
キレット沢
高地岳
1240
駒ヶ岳
1487
1440
鬼ヶ面山
1591
第1発電所
山境峠
島滝川
南西壁
山口へ
梶山
483
梶山元湯
梶山新湯
1166
鋸山
1631
二俣
東俣
西俣
左沢
右沢（本谷）
左沢（本谷）
1932
2018
2100
2111
2220
2400
焼山
富士見峠
裏金山
金山
茂倉峰
1585
シゲクラ尾根
1963
雨飾山

海谷山塊概念図

戸隠連峰概念図

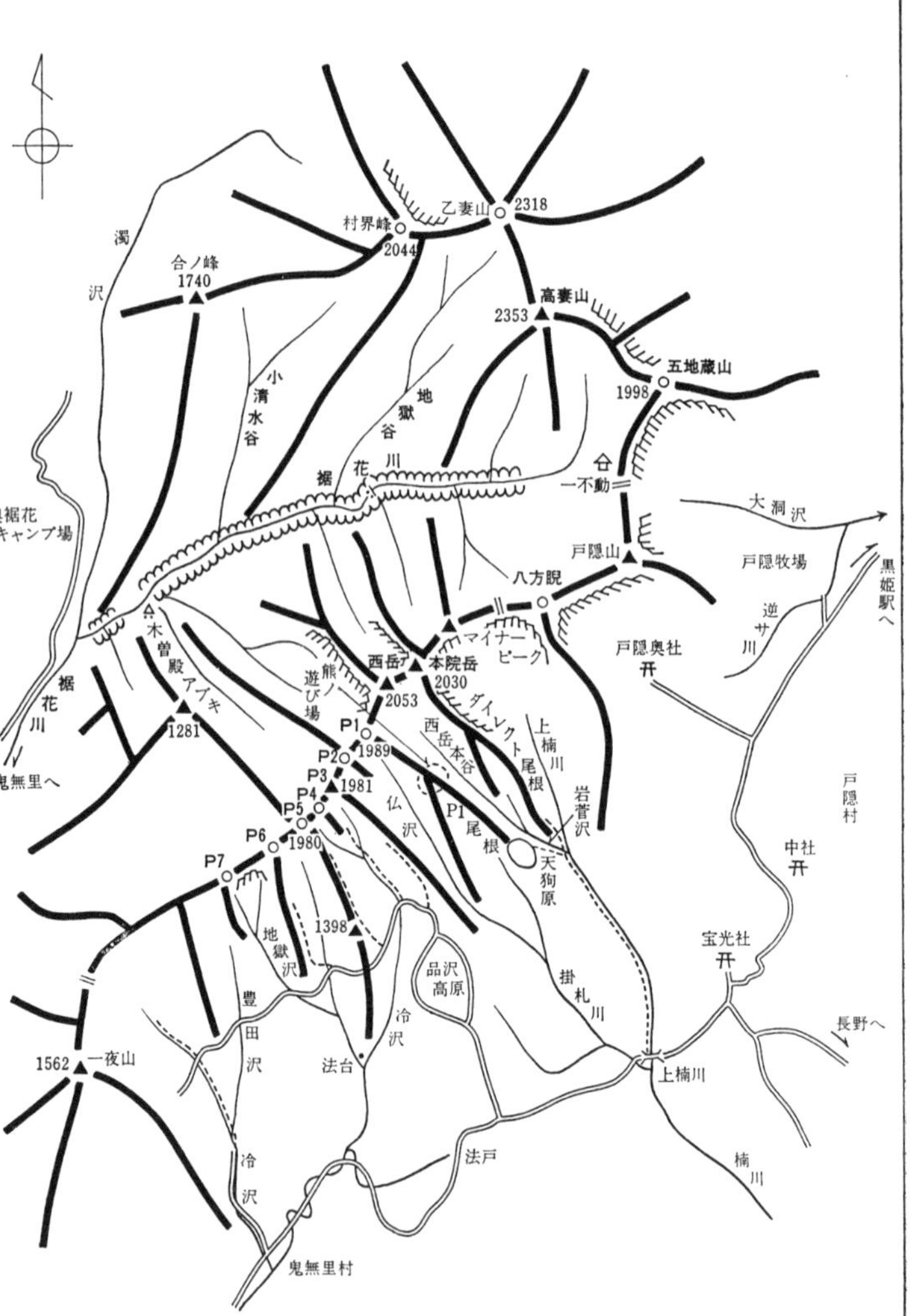

乙妻山
2318
村界峰
2044
合ノ峰
1740
濁
沢
高妻山
2353
五地蔵山
1998
小
清
水
谷
地
獄
谷
裾
花
川
一不動
大洞沢
戸隠山
戸隠牧場
黒
姫
駅
へ
奥裾花
キャンプ場
八方睨
逆
サ
川
木
曽
殿
アブキ
マイナー
ピーク
西岳
本院岳
2030
2053
戸隠奥社
裾
花
川
熊
ノ
遊
び
場
ダイレクト
尾
根
1281
P1
1989
西
岳
本
谷
上
楠
川
鬼無里へ
P2
P3
1981
P4
P5
仏
沢
P1
尾
根
岩
菅
沢
戸
隠
村
P6
1980
P7
天
狗
原
中社
1398
地
獄
沢
品沢
高原
宝光社
掛
札
川
豊
田
沢
冷
沢
長野へ
1562
一夜山
法台
上楠川
冷
沢
法戸
楠
川
鬼無里村

南東に分岐したものが裾花川の源頭から左岸に連なって高妻山から戸隠連峰となっている。稜線上を走っていた県境が高妻山で東にそれて氷沢川沿いとなるので戸隠連峰は長野県の山ということになり、厳密にいうと頸城の山と呼べないのかもしれない。戸隠連峰は、後立山と海谷とを一緒にしたような山だといっては、たとえが極端すぎるだろうか。積雪期には各ピークから東にのびる尾根が古くから登攀対象となっており、近年では西岳P6・P7間の岩場や表山東面のルンゼ群も登られている。もちろん「伝説の渓」裾花川源流も忘れるわけにはいかない。

本巻〔『日本登山大系』6〕で紹介した後立山と頸城の山々はどちらも地味なところが共通しているし、そこが魅力であるとすらいえると思う。よく研究すれば初級、中級者でも登高できるルートも数多い。入山者が少ないから不安という理由だけで、両山域の山々は敬遠されているように思われるがそれではいかにも惜しい。

手前味噌になるかもしれないが、この二つの山域の位置関係、そして魅力の共通項から考えれば、両山域が一巻にまとめられたことは登山者にとって実に便利なことではなかろうか。近代登山の初期、志村烏嶺らが白馬岳に登った頃は、裾花川を遡り、鬼女が住んだという鬼無里を経て柳沢峠を越え、細野に入ったというのだから……

七　槍ヶ岳・穂高岳

わが国のアルピニズムを想う時、そこに思い浮かべる世界は多くの人々にとって、おそらくは信州、飛騨の奥にそびえる槍・穂高のあの姿ではないだろうか。

槍ヶ岳のオベリスクや穂高岳の峰々は、山登りとは縁のない人々にとってさえ、北アルプスのシンボルとして存在している。まして登山に惹かれ、さらには困難な登山行為に魅入られた人たちには、あの岩と雪と氷とが美しいシンフォニーを奏でる世界は、他の何処よりもアルピニズムの喜びを満喫させてくれる場所であろう。

これらの峰々は、この国の近代登山――いや私たちは、やはりアルピニズムと呼ぼう――の誕生と発展、そしてその血と涙の栄光と共にあった。

一八二八年、槍ヶ岳を開いた播隆上人、日本アルプスの命名者として名を残すW・ガウランド、そしてW・ウェストン、小島烏水と続く黎明期のパイオニアたちや、彼らの後を受け探検的登山期に活躍した先人の偉大な足跡を忘れることは決してないが、時の流れと共に大きな飛躍をとげてきた登山史の中で、大正の中頃より胎動し始めた新たなる動きにこそ、今、私たちが熱く燃え続けるアルピニズムの原点を感じる。

氷雪をついて三〇〇〇メートルの登頂が成された。北鎌尾根や北尾根が、そして屛風岩、滝谷が登られていった。

そこには槇有恒が、大島亮吉が、舟田三郎が、R・C・Cのサムライたちが居た。

さらに、今の私たちに想像することすら難しい困難な時代の中で激しくアルピニズムを追い求め続け、岩肌に輝かしいトレースを残していった北条理一、新村正一、松高山岳部、松濤明など数えきれない先蹤者たちの情熱を思うとき、熱い畏敬の念が胸にこみ上げてくる。

以来三十余年間、わが国の登山は、近代アルピニズム発祥の地、ヨーロッパでのそれをも凌ぐスピードで発展を続け、その結果、皮肉にも、この狭い国土、低い山岳、限られた舞台、そして膨大なクライマー群ゆえに、先進ヨーロッパの登山界よりも先に窒息感に覆われたかのようであった。

しかし断えることなく、より困難なる高みを目指すアルピニストたちは、自分たちの時代の次なる課題を懸命に求め続け、限られた山岳地帯の中に常に新しい活動世界を発見してきた。それまで顧みられなかった山塊や、さらに奥地の谷や岩壁が開拓され、あるものは屛風岩以上のスケール、一ノ倉沢以上の悪絶な壁と喧伝されてきた。

たしかに「困難性」という観点のみから見れば、槍・穂高の谷や稜、そして岩壁が、かつて先人たちが讃えたように、剣岳や谷川岳と共に日本の三大岩場と謳われる時代は、去ったかも知れない……

だが、この日本において他の山岳地帯の何処よりもアルプス的景観に満たされた槍ヶ岳、穂高岳で繰り広げられるアルピニズムの喜悦と香気は不動不変のものであり、今後、登山世界がどのように発展変貌しようとも、これからも陸続とこの地に足を踏み入れるであろう新しいアルピニストたちを決して失望させはしまい。

槍の穂先をかすめ、北尾根を越える雲と風には、わが国のアルピニズムの本家の風格が漂っているのだから。

本大系は日本の主要山域でこれまでに登られた、沢と岩壁ルート、そして冬期尾根ルートのほとんど全てを収録、新たに書きおこしたもので、これからバリエーション・ルートに踏みこもうというアルピニズム入門者はもとより、ひと通りの登山経験を積んだ中級から上級登山者をも対象として企画、編集されている。

この一冊は、半世紀以上にわたって登られ、愛されてきた槍ヶ岳、穂高岳と、これらを取り巻く周辺の山岳を収録対象としている。

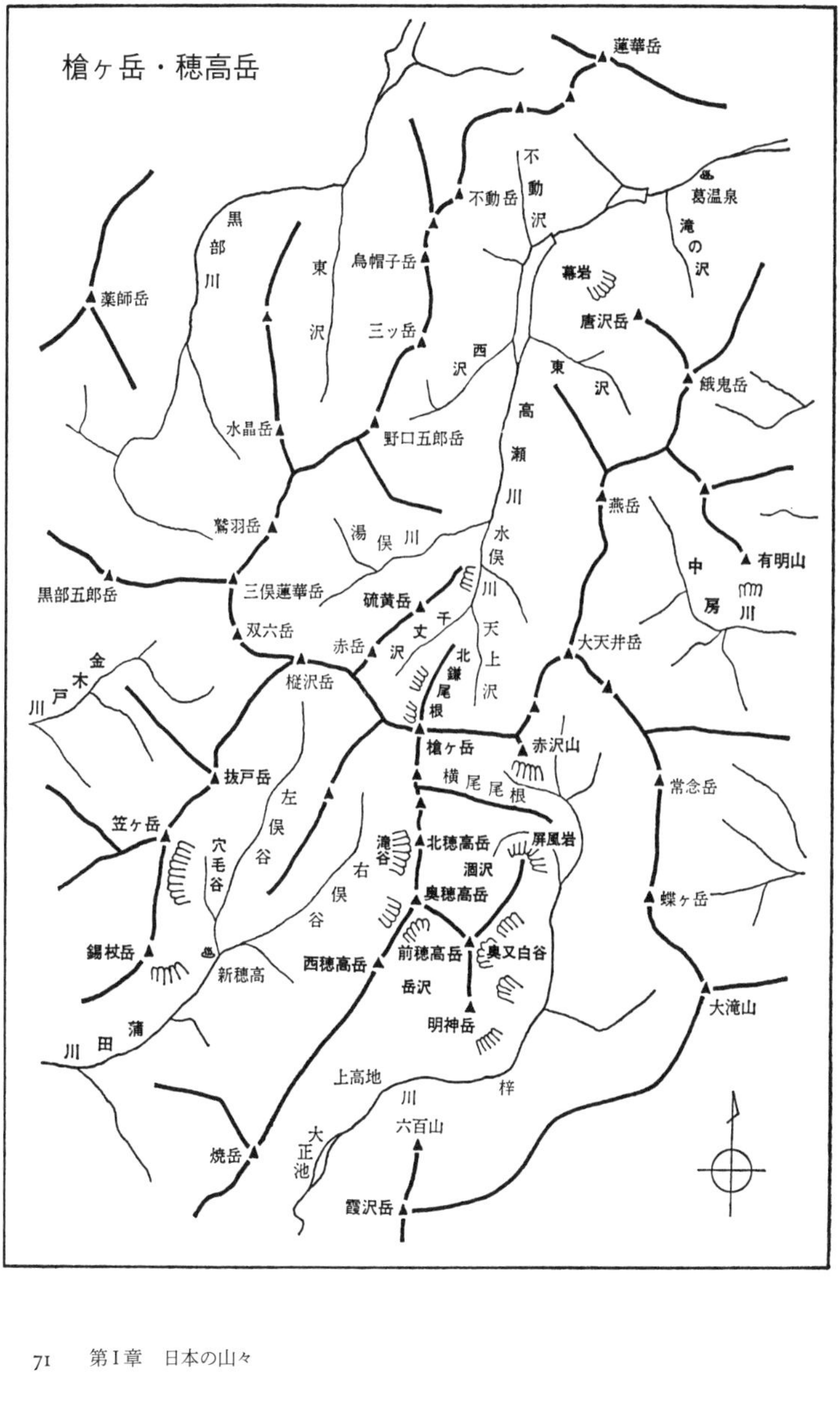
槍ヶ岳・穂高岳
蓮華岳
不動沢
不動岳
葛温泉
滝の沢
烏帽子岳
黒部川
東沢
幕岩
薬師岳
三ッ岳
唐沢岳
西沢
東沢
餓鬼岳
高瀬川
水晶岳
野口五郎岳
燕岳
湯俣川
鷲羽岳
水俣川
中房川
有明山
黒部五郎岳
三俣蓮華岳
硫黄岳
千丈沢
双六岳
天上沢
大天井岳
赤岳
北鎌尾根
金木戸川
樅沢岳
槍ヶ岳
赤沢山
抜戸岳
横尾尾根
常念岳
左俣谷
笠ヶ岳
穴毛谷
滝谷
北穂高岳
屏風岩
涸沢
右俣谷
奥穂高岳
蝶ヶ岳
錫杖岳
西穂高岳
前穂高岳
奥又白谷
新穂高
岳沢
大滝山
蒲田川
明神岳
上高地
梓川
六百山
大正池
焼岳
霞沢岳

槍ヶ岳の岩場、そして穂高岳の滝谷、前穂東面、屏風岩、涸沢、岳沢、飛騨尾根、さらに明神岳の岩場という、なじみ深いクライミング・エリアはいうまでもないが、北鎌尾根の人気に隠れ、その他のルートについてこれまでまとまった紹介記事を目にすることは少なかった槍ヶ岳の絶頂から北へその流れを起す高瀬川周辺の沢ルート、北鎌尾根周辺と硫黄岳前衛峰の岩場ルート、また好ルートを有しながらも顧みられることの少なかった霞沢岳の沢や有明山の沢と岩場、そして蒲田川流域の錫杖岳の岩場や笠ヶ岳の岩場と沢についても詳細に記してある。

さらに、近年とみに注目されてきた赤沢山の岩場や唐沢岳幕岩の諸ルートについても、現時点で収録できるものは、そのすべてを掲載したつもりである。

槍・穂高三〇〇〇メートルの世界でアルピニズムの香気に触れ、ヨーロッパ・アルプスやアンデス、ヒマラヤへとはばたいてゆくクライマーたちはこれからも断えることなく続くであろう。

そして彼の地での登攀が、よりハードでシビアなものになるにつれて、この三〇〇〇メートルの舞台でのクライミングも無縁ではありえず、常に新しい挑戦を受け続けよう。

かつて穂高の最悪の壁、最後の課題と謳われたルートも、すでにフリー・クライムというニュー・ウエーブに洗われている……

めまぐるしく前進する現代の登山を、ある人は、アルピニズムの香りも感じられない末期的行為というかも知れない。またある人は、相も変わらぬ崖の木登りと揶揄するかも知れない。よいではないか、私たちは今の時代に真摯にアルピニズムを求めているのだから。

ひとり天を突く槍の穂先は、高瀬のせせらぎから這い上ってくる者たちを、太古からの不変の姿で迎えてくれている。入道雲に見おろされ、雷鳴と夕立に逃げ回る賑やかな涸沢生活の楽しさは、私たちにとっての「涸沢の岩小屋のある夜のこと」の世界なのだ。

槍の絶頂で、常念のむこうに上る日の出を待ちわびるビバークや、奥又や滝谷の凍てつく壁にふるえる登攀は、時がいくら流れ過ぎようとも、クライマーに素晴らしい時を与え続けてくれよう。やがて二十一世紀に近づこうとする今も、これからも……

今日もまたアルピニズムを熱愛する者たちが、梓川の、そして高瀬川の瀬音を聴きながら黙々と歩き続けていく。遥かなる高みを目指して……

八　八ヶ岳・奥秩父・中央アルプス

　フォッサ・マグナの糸魚川―静岡線を間にして、まさに本州の中央に位置する八ヶ岳、奥秩父、中央アルプスの山々は幅広い登山者の圧倒的な支持と人気を集めながらも、主役の座を与えられることなく、南北両アルプスや谷川岳などの豪快さ峻険さにおされ、ともすれば第二位的、わき役の位置に置かれてきたかの感がある。

　登るたびに思う……赤岳の二八九九m、金峰山の二五九五m、木曾駒ヶ岳の二九九五m、盟主三山のいずれをとってもまことにじれったい標高だ。「山、高きが故に……」とはいってもこれらの山々を愛する者にとっては頂上で数メートルもとび上がりたくもなろう。こんな素晴らしい山々なのに……。どこに登っても三〇〇〇mを優に越えた槍・穂高や北岳・仙丈が余裕の微笑みを悠然と送ってくる。そう、この本州中央という位置を占めるこれら愛すべき山々からの南北アルプスを始めとして、わが国主要山岳を一望する大パノラマは他に負けないまさに第一級の豪奢な眺望である。

槍・穂高や北岳をエベレストやK２とするならば、この地の山々はチョゴリザやプモリ、アマ・ダブラムとでもなろうか。人目をひく最高峰たちの派手さはなくとも、山容の美しさ、豊かさや登山の楽しさ、充足感は彼らに比して少しの遜色もない。

中央本線を大動脈として東西に隣接するこの三つの山域は、地理的条件に恵まれ、アプローチは発達し、短い日数で登山の美しさに浸れる点において、他の山岳を大きく凌駕していよう。

八ヶ岳の裾野が描く広大なスロープは、遠い昔に木花開耶姫《このはなさくやひめ》の嫉妬の一撃でその頭を八ツに砕かれさえしなかったなら、この山こそわが国の最高峰であったろうと思わすに充分な広がりを見せている。南北三〇㎞にわたって連なる八ヶ岳連峰は、この高原の上に一気にせり上り、豪快な南八ツとたおやかな北八ツの絶妙な対比の中に、偏西風に泣く氷雪のシビアな登攀から、樹海に眠る山上の湖を逍遥する者たちまですべてを満足させるバラエティに富んだルートを包含している。

春から秋にかけての八ヶ岳はどこまでも明るくさわやかだ。そこここのピークに残る宗教登山名ごりの名称にさえ、陰鬱な重苦しさなどまるでなく、カラッと爽快な風が吹き抜けている。キャンパー、ハイカー、クライマー、そして昨今では別荘業者！までが加わり、歓声は鳥のさえずりの中に高らかにこだましている。

太平洋岸の気象配下にある八ヶ岳の冬は北アルプスや上越の山々のように豪雪に泣くことはない。この山の冬は猛烈な西風との戦いである。硫黄岳の石室を行く縦走者は諏訪から佐久へと吹き抜ける烈風に吹っ飛び、大同心のクライマーは天に逆立ちするアブミに泣く。冬期の八ヶ岳の人気は大きく他の山岳をひきはなし、この連峰で鍛えられ育っていった岳人は数えきれない。コンパクトな山塊に多様なルートをバランス良く抱えた八ヶ岳ほど、ビギナーからエキスパートにまで幅広く親しまれている山岳は他に稀であろう。

頂の祠を目指して攀じる赤岳東壁……切れ落ちた背後の空間の向こうに黒い山波の量感が迫ってくる……

原生林と渓谷美を誇る幽寂の山、奥秩父。

この山塊に降る雨のひと雫は、その懐深くで太平洋と日本海に注ぐ流れの源として分かれ、鬱蒼《うっそう》とした原生林の中に美しいナメや釜をいたるところにつくり出している。奥秩父の登山の魅力はこの美しい渓谷の遡行に尽きるであろう。それはクライミングというよりも〝山歩き〟の言葉こそがふさわしい世界である。笛吹川を遡り、三国境いの甲武信岳を越え、梓《あずさ》山へと下るルートは、いささか手垢にまみれたとは申せ、やはり奥秩父の登山を象徴する素晴らしいものである。

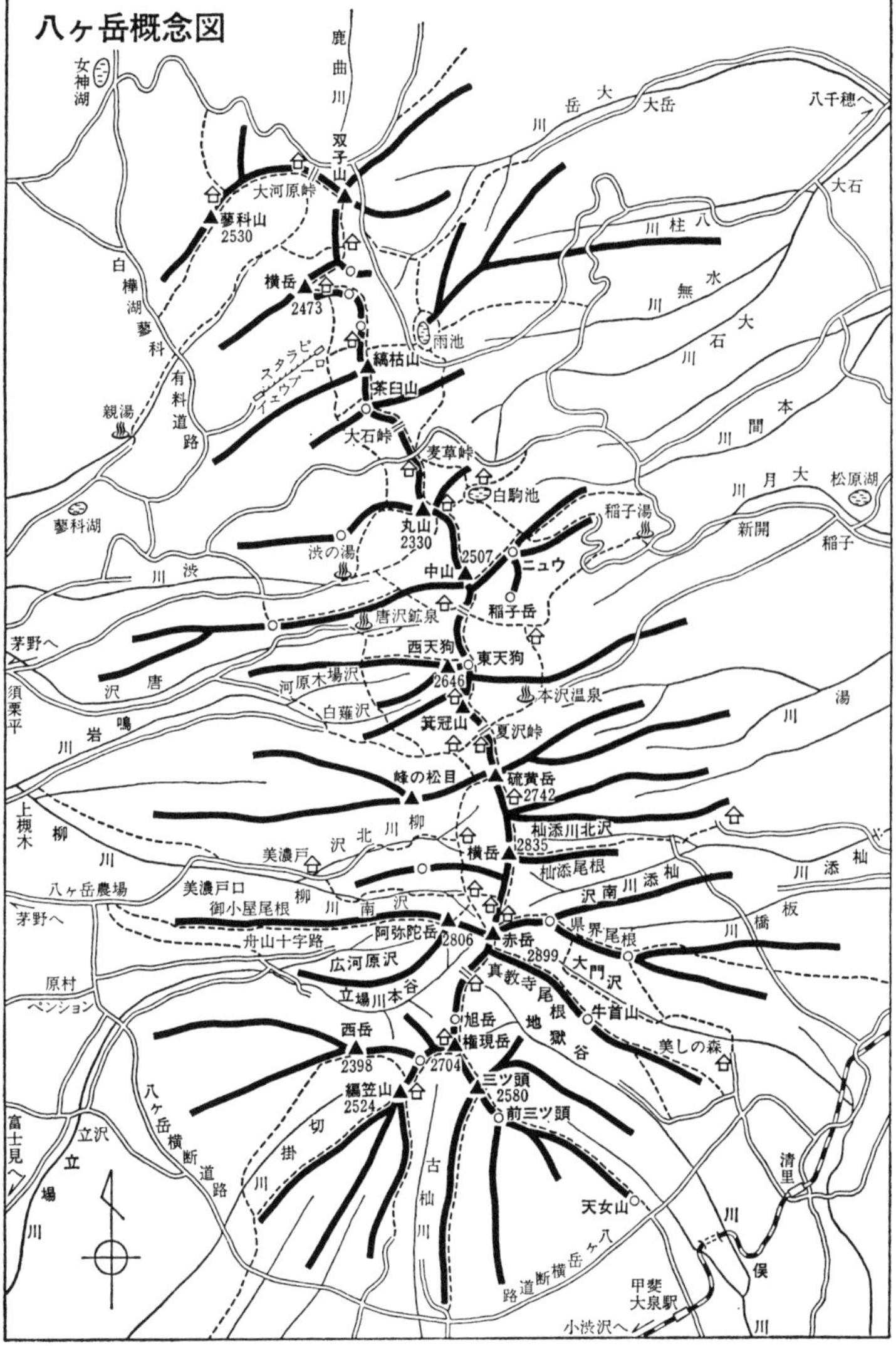
八ヶ岳概念図
蓼科山
2530
横岳
2473
縞枯山
茶臼山
大石峠
麦草峠
丸山
2330
中山
2507
ニュウ
稲子岳
西天狗
東天狗
2646
箕冠山
夏沢峠
峰の松目
硫黄岳
2742
横岳
2835
阿弥陀岳
2806
赤岳
2899
旭岳
権現岳
西岳
2398
2704
編笠山
2524
三ツ頭
2580
前三ツ頭
天女山
牛首山
美しの森
甲斐
大泉駅
小渋沢へ
茅野へ
八千穂へ
松原湖
白駒池
本沢温泉
唐沢鉱泉
渋の湯
稲子湯
親湯
蓼科湖
女神湖
雨池
八ヶ岳農場
美濃戸口
美濃戸
舟山十字路
原村
ペンション
富士見へ
清里

多くの遡行者を迎える南面からの登路に比べ、北から主脈へ突き上げる沢筋はいまだひっそりとして、静かなる奥秩父の面影を残している。

深い原生林に被われ重畳と連なるこの山塊にあって、北の両神山、二子山周辺の石灰岩地形と信州側に開けた奥秩父西端の金峰山、瑞牆山、小川山周辺の花崗岩地形の明るさは、ひときわ異彩を放ち、クライマーたちを迎えている。

今、奥秩父は静寂幽邃のみではとらえきれない多様な登山の場として登山者の前に横たわっている。


豪快かつ華やかな北アルプスと重厚な南アルプスにはさまれ、伊那谷と木曾谷の間を南北約一三〇㎞にわたって連なる中央アルプスは、確かに二者に比べ、強烈な個性に乏しい茫洋とした山塊であるかも知れない。

しかし、前衛の山々もたずに三〇〇〇m近い稜線から、東の天竜川と西の木曾川めがけて一気に高度を落とす急峻な地形は、この山脈に「三十六峰八千谷」と言われるほど数多くの急流、名渓をつくり出している。

茫洋としてとらえどころのないかのような中央アルプスの中で唯一、アルペン的風貌に恵まれた宝剣岳と木曾駒ヶ岳の北部周辺のみが、ロープウェイによる便利さも加わって、人気をひとりじめにしているかの感があるが、この山脈にはその南部に空木《うつぎ》・越百《こすも》・仙涯嶺といった何とも美しい響きをもつ山々が多くの流れをその懐に抱き、いまだ静かに登山者の訪れを待っている。

今日まで脚光を浴びることも少なかったこれらの山々の沢筋ルート……本書〔『日本登山大系』8〕に収録された数の多さに目を奪われる読者は多いことと思われる。

次々と時代のヒーローを生み出す時の移ろいの中で、登山世界も同様に、思考・技術の変遷の波にもまれながらその折々の〝新しい山〟を表舞台へとひきずり出してきた。

豊富な降雪に恵まれることの少ない八ヶ岳、奥秩父、中央アルプスは、その積雪の少なさこそが幸いし、西からの烈風の中で谷に良質の氷瀑をつくり出し、四肢を猛禽《もうきん》の嘴《くちばし》のように磨きあげた者たちが輪舞する世界として蘇った。

そして今また、奥秩父の主脈から取り残され静寂を保ってきた金峰山北方の白く輝く花崗岩の岩峰群は、ハード・フリー・クライミングの類い稀なゲレンデとして急速に注目され始めている。

〝国内の山岳には、もはや未知の……〟などとは、感性の鈍化した惰眠を貪る者たちのたわごとではなかろうか。遊びに貪欲な者たちには、山々はいつも新鮮な光を投げかけてくれている。

長い年月、多くの登山者に親しまれてきた八ヶ岳、奥秩父、中央アルプスの稜と谷と壁。そして、この山ふところに新たに誕生したルートたち……本書〔『日本登山大系』8〕に網羅したこれらの膨大なルート群が今後、読者の登山をさらに充実したものとするための縁《よすが》となれば編者〔柏瀬祐之、岩崎元郎、小泉弘〕としてこれに勝る喜びはない。

九　南アルプス

南アルプスが好きだという登山者は多い。北アルプスと並んでわが国では貴重な三〇〇〇m級山稜としてよく知られている。が、北アルプスの方は槍とか穂高、剣とか鹿島槍といったふうに個別的な山名でそれぞれの登山対象を捉えているのに対し、南アルプスの場合は、〝南アルプス〟が目的になっていることが多いように思う。つまり、こんな具合だ。どこへ登るのかという質問に対して、

「鹿島槍。北壁の主稜をやるんだ」

「南アルプス。うん、南部の方ね」

前者では山名からルート名まで明確に答えられているのに、後者では登る山の名さえ分からない。それでも登山者の間では充分通じ合う会話であった。南アルプスはそのように位置付けされていたのだ。

ことさらカッコをつけてそのようにしたのでもなく、個性に乏しいがゆえにそのようになっ

たのでもない。槍・穂、剣に比して登る人が少なかったから、山々を個別化する必要もなかったというか、個別化できなかったのである。「岳人」三〇一号から四〇〇号までの誌上に載っている北アルプス関係の案内と記録は二九七点あるのに対し、南アルプス関係では一二二点しかないという事実からも、そのような位置が推測できるだろう。

しかし、時代は変わった。南アルプスの山々も否応なく個別化されつつある。甲斐駒の岩場と聖岳の岩場とでは登り方が異なり、赤石沢流域の沢と雨畑川流域の沢とでは性質がまったく異なっている。本巻〔『日本登山大系』9〕に収録された、北は釜無川源流から南は北遠の竜頭山周辺までの約四〇〇ルート中からの選択は如何。「南アルプスが好き」などというあいまいな表現は許されなくなったのだ。南アルプスの山登りはこれからおもしろくなる。

南アルプスをときとして赤石山脈などと気どって呼ぶ人がいるが、南アルプス＝赤石山脈ではない。南ア全山縦走というと甲斐駒を起点（鋸岳とする場合もある）にして光岳までと考えられている。いわばこれが一般的な南アルプスの捉え方だろう。山高きがゆえに貴からず、高さで限れば山域は狭くなってしまう。広義の南アルプスとは、北は諏訪湖を頂点に東は富士川、西は天竜川に囲まれた大きな楔状を成している山域ということができる。この中に大きく分けて四つの山脈が並行して走っている。東側から甲斐駒ヶ岳山脈、白峰山脈、赤石山脈、伊那山脈だ。この山域を気どって呼ぶなら〝赤石山地〟または〝赤石山系〟の方が当を得ている。

甲斐駒ヶ岳山脈は諏訪湖南東に位置する守屋山から始まる。守屋山─杖突峠─入笠山─釜無山─横岳峠─鋸岳─甲斐駒─仙水峠─早川尾根─鳳凰三山─夜叉神峠─櫛形山という連稜で、富士川と早川の分水嶺になっている。

甲斐駒ヶ岳の駒津峰から南西にのびる尾根は双児山を経て北沢峠へと下っている。赤石山脈の始まりだ。北沢峠─仙丈岳─三峰岳─塩見岳─本谷山─三伏峠─小河内岳─荒川岳─赤石岳─大沢岳─聖岳─茶臼岳─光岳─加加森山─鶏冠山─三俣山─中ノ尾根山─黒法師岳─蕎麦粒山という連稜は大井川と天竜川とに水を分け、さらに南下して遠州平野に没している。

白峰山脈は小太郎山に始まって北岳─間ノ岳─農鳥岳─大籠岳─転付峠─笊ヶ岳─青薙山─山伏岳と連なって富士川と大井川の水を分け、さらに安部川を擁する安部山系を育くんでゆく。赤石山脈と白峰山脈は三峰岳─間ノ岳の山稜で結ばれている。

南アルプスの主脈、つまり赤石山脈と天竜川との間に位置し、三峰川、小渋川、遠山川、水窪川に分断されている小山脈が伊那山脈である。本谷山から北西にのびる小黒山・二児山の尾根とは分抗峠で、大沢岳から西にのびる丸山・尾高山の尾根とは地蔵峠で、三俣山から南西にのびる白倉山・ヒヨー越えの尾根とは青崩峠で、かろうじて赤石山脈との接触を保ってはいるが、高さも二〇〇〇ｍに満たず登山的興味はないとされてきた。

ここまで視野を広げれば、ヒマとカネがいくらあったって足りようはずがない。南アルプスの山登りがおもしろくなって当然だろう。

深い樹林帯に埋もれ、北アルプスに比してアクティビティに欠けるとみられていた南アルプスも、沢登りの大衆化とアイスクライミングの人気、フリークライミング思想の確立とで、ビビッドな山域に生まれ変わったといえよう。

編者の一人、柏瀬祐之のいう「日本国中沢だらけ」の代表的な山域が南アルプスだ。富士川、大井川、天竜川という三大河川流域の沢が山稜をせり上がって、当然のことながら「南アルプス沢だらけ」なのである。深い樹林にかくされてみえず、一般登山者はそこに奔流が瀑布をかけ、一枚岩を滑り落ちる清流を観るという素晴らしい登路があることに気づかされなかった。尾白川を知っている、赤石沢を知っている、という人はいようが、南アルプスの沢はそれだけじゃない。（本格的な）沢登りは専門家にのみ許される世界だときめつけられていたフシがある。「日本国中沢だらけ」と喝破した一言で沢登りは大衆化したといっても過言ではあるまい。南アルプスの沢の一本一本が明快に浮かび上がってくる。寸又川流域、戸中川流域、雨畑川流域、波木井川流域……名も知らぬ沢に次々登場されて目眩む思いは、こ

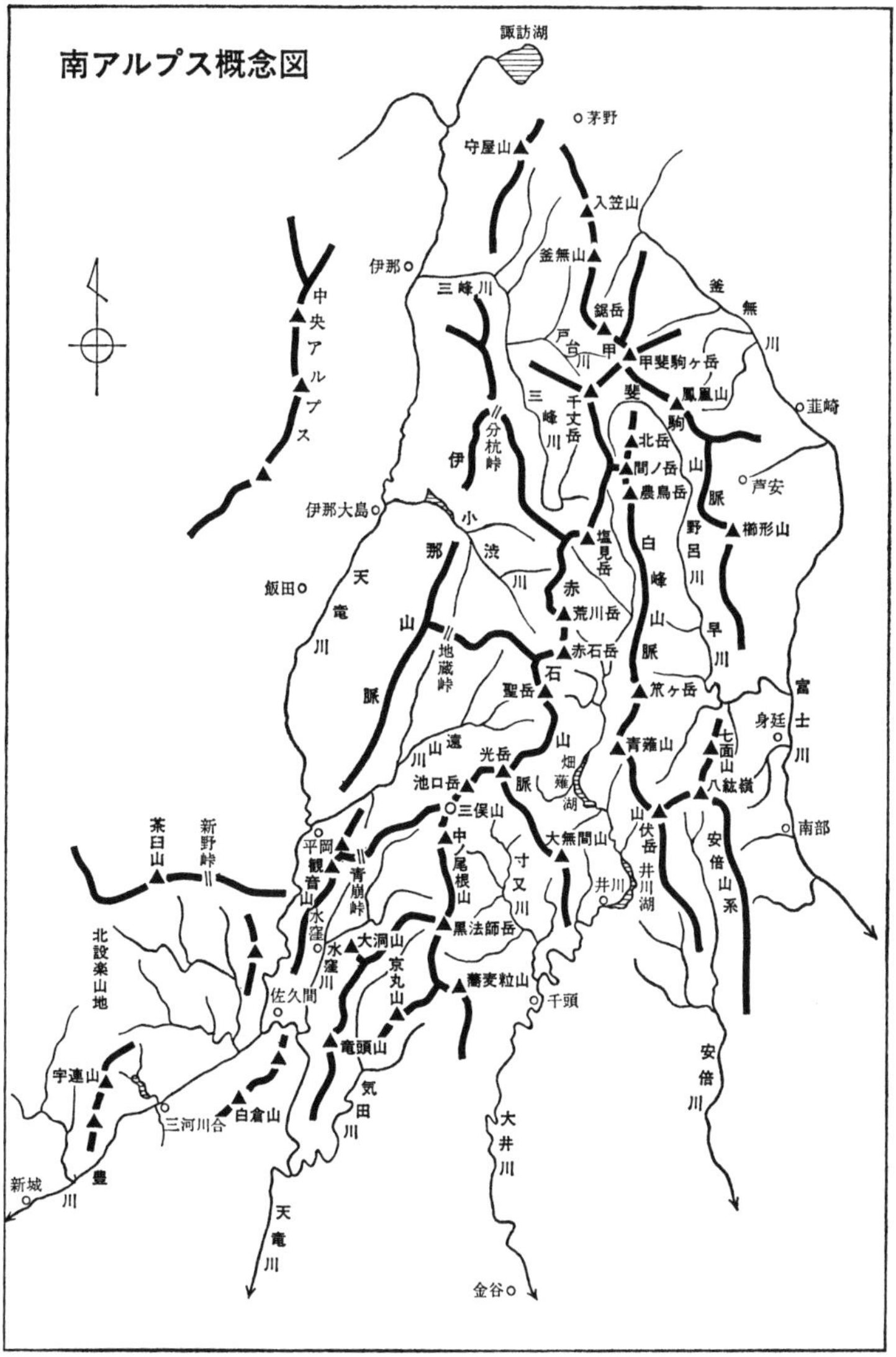
南アルプス概念図
諏訪湖
茅野
守屋山
入笠山
釜無山
伊那
三峰川
中央アルプス
鋸岳
甲斐駒ヶ岳
鳳凰山
韮崎
千丈岳
北岳
間ノ岳
農鳥岳
芦安
櫛形山
分杭峠
伊那大島
小渋川
塩見岳
飯田
天竜川
伊那山脈
赤石山脈
荒川岳
赤石岳
地蔵峠
聖岳
白峰山脈
笊ヶ岳
早川
富士川
身延
七面山
八紘嶺
青薙山
光岳
遠山川
池口岳
三俣山
畑薙湖
山伏岳
南部
安倍山系
茶臼山
新野峠
平岡
観音山
青崩峠
中ノ尾根山
大無間山
寸又川
井川
井川湖
北設楽山地
水窪
大洞山
黒法師岳
京丸山
蕎麦粒山
佐久間
竜頭山
千頭
宇連山
三河川合
白倉山
気田川
大井川
安倍川
新城
豊川
金谷

れもまた快感とはよべまいか。

さて冬、最近のアイスクライミング人気はすさまじい。道具の発達もさることながら甲斐駒ヶ岳というよき場を得たからであろう。穂高や剣を岩の殿堂とよぶなら、甲斐駒は氷の殿堂である。北アルプスや上信越の山々に比して積雪量の少ないことが、安全度の高さ（あくまでも比較の問題）と雪に埋れないアイスフォールを残している。このことは最近注目されはじめた冬期遡行というジャンルでも重要なことである。雪崩の危険が少なくて、あくまでも沢は冬の状態であり、それなりにスケールがある山域といったら……。

最後にフリークライミング思想の確立についてふれておこう。表現がオーバーだと思われる方もおられようが、「赤石沢の岩場」を執筆担当した斬界第一人者、戸田直樹の指摘にはギクッとしてペンも走ろうというものである。「いたずらに登攀距離をのばしたところで……」と、彼はさり気なく書いている。しかし、つい最近までのわが国登山界では、いかに登攀距離をのばしたかという点に評価があった。その発想は延長線上にヨーロッパ・アルプスがあり、ヒマラヤがあるということにほかならない。どんな苛酷な登山を実践しようと、それではわが国の山はゲレンデでしかなく、山行は単なるトレーニングでしかない。これでは自分の山登りがおもしろくなるはずがなかろう。

「いたずらに登攀距離をのばしたところで……」――自分の山のオリエンテーションとし

てこれほど明快な答えはあるまい。他人がどう評価するかではなく、自分がおもしろいと感じられる山登りをすればいい。

南アルプスは中村清太郎、平賀文男、黒田正夫・初子夫妻、小谷部全助、松濤明、東京白稜会、独標登高会、昭和山岳会などのメンバーにより、古い時代より歩かれ攀られ遡られた山である。彼らの足跡は古典的な名ルートと呼ぶことができよう。いま、本巻〔『日本登山大系』9〕で紹介するのは赤石沢ダイヤモンドAフランケのスーパークラックから戸中川日影沢までの約四〇〇ルート。南アルプスの山登りはこれからおもしろくなる。

十　関西・中国・四国・九州の山

本巻〔『日本登山大系』10〕は関西以西（関西、中国、四国、九州）の谷と岩場の主要ルートを集大成したものである（なお全巻の構成の都合上、加賀白山、奥美濃、鈴鹿御在所岳といった厳密には関西地方とは言えない山域も収録してある）。収載ルート数は、谷三五六本、岩二九八本、合計六五四本にのぼり、『日本登山大系』全一〇巻の中ではこの巻が最も大冊となった。

関西以西という日本列島の三分の一以上を占める地域的な広さから、これを一冊に収めるとなると、かなりの大冊になるだろうとは企画段階から予想していたが、まさかこれほど多数の、しかも優れたルートが採集されるとは思わなかった（割愛せざるをえなかった山域も一、二でたほどだ）。驚きである。驚く編者〔柏瀬祐之、岩崎元郎、小泉弘〕の不明を恥じなければならない。

編者を含めた関東以北の人間にとって、関西より西の地方は、極端にいえば〝平地〟だという先入観がある。いや、関西以西に住む登山者の中でさえ、山といえば日本列島の北半分を思い浮かべるひとがけっこう多いのではないか。だがたしかにこの地域には標高二〇〇〇

mをぬく高山は少ないが、その代り一〇〇〇—二〇〇〇mまでの中級山岳となると、関西、中国、四国、九州のどれをとってみても、その内陸部には重畳たる山波を連ね、さらに一〇〇〇m以下まで含めたいわゆる山地となれば、海岸線近くまでその起伏を寄せている個所さえ決して珍しくない。

そして、この広大な面積を占める山地のうち、さらにまたかなりの部分が、標高の高低にかかわらず、谷や岩のルートを優れて提供してみせるところに、関西以西すなわち西南日本における山地形態の特色があると編者は知った。

「山」であるかどうかの判断は、標高ではなくて起伏である。標高四〇〇〇mを越すチベット高原を、その平坦さがゆえに山とはいわず、標高わずか八四八mの京都比叡山を、その起伏がゆえに山と呼ぶのは、この間の事情だろう。ここで起伏とは比高と傾斜から成り立つのだろうが、さらに起伏景観となると、この二つの要素に浸食、土質(岩質)、植生、流水、氷雪(ただし有雪期)の様子が加わってその美醜好悪が決まってくるように考える。

いわば西南日本の山地は、山としての起伏景観を姿作るこれら七要素のとりあわせの調和的あるいは不調和的きめこまかさによって、「山高きがゆえに貴からず」を、われわれ登山者に対して最もラディカルな形で展開している一帯かもしれないと思うのだ。

たとえば、京都北山は最高点ですら一〇〇〇mに満たず、とるに足らない比高とだらだら傾斜をもたげた平凡な山地なのに、植生景観と流水模様の美しさ、ただそれだけによって山として群を抜く香気を漂わせ、同じく一〇〇〇mの標高にとどくかどうかの南紀の山は、谷筋の浸食の深さあるいは傾斜の強さで、他に類例を見ない特異な領域を作る。

六甲山、王子ヶ岳、三倉岳といった山陽本線沿いのクライミング・エリアや、宮崎県下に散在する岩場などは、これこそ標高には縁もゆかりもなく、宮崎の岩場を除けば規模にしてもせいぜい山腹のあばたにすぎないのに、ただその岩質のすばらしさ、形状の峻烈さ多様さ、つまりクライミング・エリアとしての「質」の高さにおいて、中部以北の著名な大岩塊を圧して目立つ。

標高一〇〇〇m以上の山岳にしても、こうしたラディカリズムは消えない。

日本列島の山では唯一、亜熱帯から亜寒帯までを有し、その比高、傾斜、浸食、岩質、植生、流水のどれをとってみても秀逸さを隠せない、あの屋久島はいうまでもなく、われらはまた、台高山脈の飛瀑の群れに驚き、大峰山脈や四国山地の懸崖深淵に嘆じて嬉しい。

もっとある。

知る人ぞ知る、ゆったりとした山容の懐に険谷と幽谷とを秘めた九州脊梁の山々、目をはるか東に転じて同じく奥美濃の山。起伏景観のエッセンスをコンパクトにまとめあげて見事な比良山系。花崗岩の殿堂にしてクライマーの夢床、御在所岳。脆弱な岩盤を氷雪が固めて

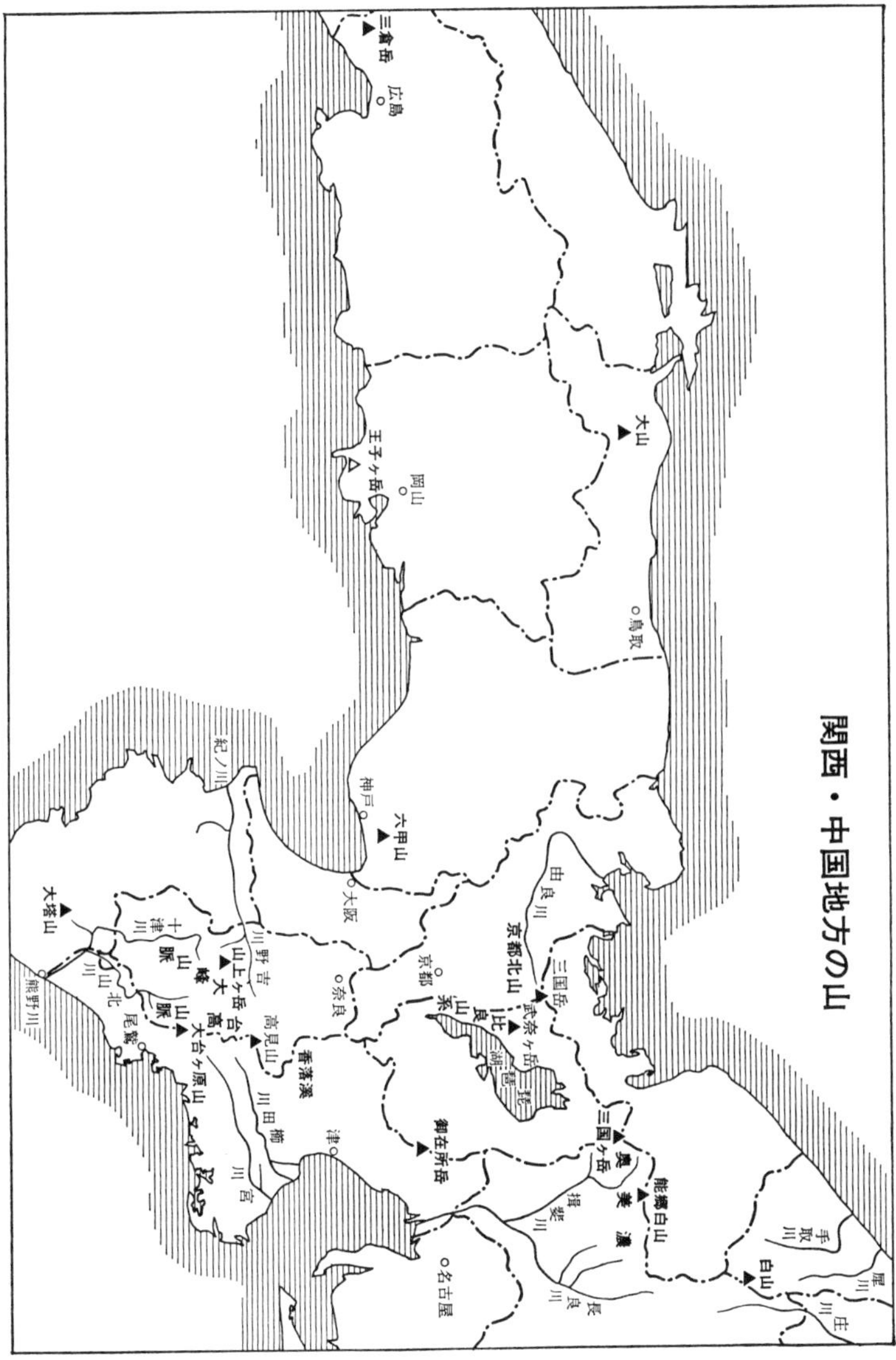
関西・中国地方の山
三倉岳
広島
大山
王子ヶ岳
岡山
鳥取
六甲山
神戸
大阪
紀ノ川
大塔山
十津川
由良川
京都北山
三国岳
京都
奈良
比良山系
武奈ヶ岳
琵琶湖
吉野川
山上ヶ岳
大峰山脈
台高山脈
大台ヶ原山
高見山
香落渓
櫛田川
御在所岳
津
宮川
尾鷲
北山川
熊野川
三国ヶ岳
奥美濃
能郷白山
揖斐川
長良川
名古屋
白山
手取川
庄川

凄まじい冬の伯耆大山北壁。どれもこれも、なのに人影少なく悠々と眠る。

さらに、編者〔柏瀬祐之、岩崎元郎、小泉弘〕は未見だが、こうも聞く。加賀白山、由布岳、霧島などには、火山岩盤をえぐりにえぐって流下する怪異な峡谷がくねっていると――。


この頃になって、全国的視野の下で、ここ西南日本の谷や岩場が注目されはじめた気配がある。

関東以北の登山者にしてみれば、西国に「山」ありと、ようやく気づいたのだろうが、より深い背景には、「山高きがゆえに貴からず」のこの地に、「山高きがゆえに貴からず」のテーゼを、装い新たに重ねてみたいという、そんな希求が登山者の間に芽生えつつあるのかもしれない。

ところが、その希求を受けて立つこの西南日本の山地にして、だからこそ憂うべき重大な事がらがひとつある。「山高きがゆえに貴からず」を裏づけるきめこまかな起伏景観、その人為的破壊の大規模な進行がそれである。「関西の樹木のほとんどは資源とみなされている」と第七回仙人集会で訴えた関西の岳人川崎実氏の声が、いま編者の耳に痛々しく去来する。

関西ばかりではあるまい。もともと南部日本では、かつて地表面を広く覆っていたといわれる暖温帯性の照葉樹林を、平野部から山麓へと長い年月をかけて消滅させてきた経緯がある。それはまさに南部日本全体に及ぶ「資源」採取の歴史だった。

それが近年にいたって、かつてとは比べものにならない範囲と速度で促進されるようになったのだ。林道が山頂へ向かってくねくねとのびる、谷の最奥を目ざして粗々しく分け入る、ときには網の目のように交差しつつ。たびごと、幾重幾多の山膚が、渓谷が、削られ、埋められ、遺棄されてきたか。その惨状の密度の濃さは、おそらく中部日本以北の比ではない。このままだと、優れた起伏景観としての「山」は、遅かれ早かれ西南日本の大方から姿を消す運命にある。

伐採そのものを悪だという筋合いはないが、伐採にかかわる場所と手段の選択を含めた方法論的安易さは、いまや認めざるをえない事態に至った。ついでにいうなら、今日の文明に疲弊をもたらしたものは、すべからく方法論的安易さにあったかにも思う。

だから、フランスのジャーナリスト、ジャン゠ポール・リブはこういう、「エコロジストは何よりもまず見張り番だ」と。われわれはここでエコロジストという部分を登山者という言葉に置きかえればそれでいい。西南日本の登山は、避けがたくそこからはじまる。

第Ⅱ章　同志的連帯の記憶

一　芦別岳回想

原　真

蒸気機関車の煙が、月光を攪き乱して中天に舞う。列車は、ゆるく弧を描きながら、山峡へと入った。右手に夕張の山々が、左手に十勝の連山が迫ってくる。寒村の山部《やまべ》駅におりたったのは午前二時であった。

街並を抜けて、踏切を渡ると一直線の道が四キロ、芦別岳のふもとまで続いている。二キロほど歩いた頃、夜がしらんできて、天空の一角からヒバリの声が落ちてきた。

登山口近くの粗末な掘立小屋で一服する頃には夜が明けた。どうやら曇天の気配であった。四月の終わりだというのに、取付きから、すでに残雪が現われた。一人で登るには、ちょっと気遅れしたが、絶対に登るんだと、自分に言い聞かせた。登りながら昨日の臨床講義を思い出した。薄暗い木造の診察室に中年の男が座っていた。教授は手なれた様子で腫瘍の診察をすませ、患者が去ると、

「これは、マリグネース（悪性）なのかもしれません」と言った。それでは、根こそぎ切断ということになるのか。……医者になるのも楽じゃない、と痛感した。札幌の日射しはだいぶ傾いていた。

「俺は今夜から山へ行く」私は隣の友人にささやいた。「つづきは聞いておいてくれ」。

白樺の林を登っているときには、まだちょっとした、うしろめたさがあった。熊の沼の台地まで登って、深い雪に踏み込んだとき、やっと気持がすっきりした。右手のガスの切れ目から、ぞっとするような岩壁が顔をのぞかせていた。やがて視界が利かなくなり、霧雨がヤッケの表面に水玉をつくりはじめた。雪は深まり、登りは急になった。ピッケルをさし込み、ひたすらに登り続けた。一体この登りはどこまで続くんだ。ついに視界はゼロとなった。芦別という名前にひかれて、私は衝動的にこの山へきたが、予備知識はなかった。初めての山だったのだ。

吹雪の尾根も風やみて　春の日射しの訪れに
沢の雪崩もしずまって　雪解の沢の歌たのし
いざゆこうわが友よ　暑寒の山に芦別に
北の山のザラメの尾根をとばそうよ

芦別岳に関する知識は、あったとしても、この歌詞の一節だけだった。
十一時頃、前方にぼんやりと黒い岩影が見えてきた。それが頂上だった。反対側の谷は、風が吹き上げ、足がすくむほど切れおちていた。これが名にし負うユーフレ沢であることは、あとで知った。

六年間、十勝、大雪、日高、利尻と、北海道の山を登り続けた。すべての山が、四季をつうじてすばらしかった。北の山の野趣は、前掲の北大山岳部部歌に歌われているとおりだ。「山の四季」と題されたこの歌の詩を、私は四番まで全詩そらんじていた。

芦別岳は、その後、私たちのホームグラウンドとなり、登った回数はこの山がいちばん多い。二、三人の小パーティでも行ったし、大所帯の合宿もやった。ただ、夏に登った記憶がない。夏は多分、日数のかかる日高山脈へ行ったからだろう。

卒業の冬、野心的な計画をもって最後の芦別岳へ向かった。三人で冬の第一尾根をかたづけようとして見事失敗した。テントももたず、軽装の一撃という考えがあまかった。

あれから十七年たつ。北海道の山も変わったことだろう。私個人が、昔のままの山を望んでいてもそうはゆくまい。蒸気機関車が消えたのはやむを得ぬとしても、五月になったら、あの芦別岳の山麓に、ちゃんとリンゴの花が咲いていていてほしいのである。

二　南会津へ

佐藤　勉

登山に興味を覚え始めた頃、日本の山岳地帯の地図を買い集めた時期があった。その際、尾瀬の北側に、山小屋も登山道もない無名の山の連なる広大な山塊があるのを知った。それが南会津の山々との縁の始まりであった。大正二年測図の五万分の一地形図には「明和村、朝日村、只見村、境界未調査」と記載され、本州にもそんな秘境がいまだ残されていたのかと認識を新たにするとともに、未知の山々へ分け入る可能性が意外に身近に存在することを知って嬉しくなった。当時、日本における探検的登山の時代はすでに終了したというのが定説で、未知の山へ分け入るという胸をわくわくさせる期待に満ちた探検的登山は日本では最早できないと思っていたからだ。

南会津の山々の中では無住居地帯をえんえんと流れる黒谷川とその上流にポツンと淋しく記された「岩幽《いわゆう》」という地名が目についた。そこはどんな所なのであろうか、いろいろ想像をめぐらせているうちに、だんだんそこへ行きたくなってきた。ちょうどその頃、昭和三十年頃であったか、小滝清次郎氏の「黒谷川遡行坪入山へ」が発表され、我慢ができないほど行きたくなった。だが、あまりにも若く登山経験も乏しく、同行してくれる仲間もいなかった。当時は、槍、穂高、剣、谷川岳、八ヶ岳、等の有名な格好のいい山岳の全盛時代であった。無名のさして標高の高くない山へ登るという計画にはだれも賛成してくれなかった。

だから、南会津への初めての山行は一人で出発しなければならなかった。もっとも大変ありがたいことに、地元、白沢の佐藤文昌氏が丸山岳の頂上まで案内してくださった。大幽東ノ沢の長い沢歩きとやぶこぎから解放され、池塘や残雪をめぐらす広い湿原へ出た時の解放感と感激は素晴らしいものであった。草原の夜営では驚くほど多くの星が見えた。また、朝露を踏んで花の咲く湿原を夢心地でめぐり歩いた。この庭園のように美しい別世界が猛烈なやぶ山の中に忽然と存在するのも不思議であったが、それをわれわれだけが独占しているというのも、人口の多い日本では考えられないようなことであった。

当時、南会津では登山者はよほど珍しかったのであろう、村里では登山姿の私はずいぶんジロジロ見られたりもした。当時の交通機関は今日からは想像もできないほど不便であったし、まして登山に行こうなどという人はまれであった。

岩幽を通って黒谷川を源流まで遡行したのは大学を卒業してからであった。幸い同じ会の樋口和哉君が同行してくれた。黒谷川上流は予想したとおりの幽邃境であった。満々と流れる黒谷本流の豊富な水量、両岸の亭々と茂る大森林、段丘の中に続くかすかな踏跡、合流する魅力的な支流、垣間見る上流の未知の山々、それは原始境に踏み込んでいく喜びを感じさせるとともに大自然の懐に包み込まれていく安らぎをも感じさせた。そんな気分をいっぺんに吹きとばしたのは虻の大群であった。中流域では数百匹の虻がわれわれのまわりをブンブン飛び回り、露出している所は手足はもとより目鼻耳まで容赦なく刺した。同行者の尻は服地が見えないほど虻がたかった。

この山行で岩幽も見ることができた。そこには巨大な角稜のある岩が立っており、その中膨れした岩影が泊り場となっていた。そこには焚火の跡があり、薬罐や茶碗がころがっていた。地元の猟師や釣師が使ったのであろうが、何か薄気味悪い感じがした。黒谷川上流ではここだけが人気臭い場所で、それが周囲の人気を断った環境の中にあって何か不自然な感じを与えた。黒谷川の源流部では踏跡やナタ目すらない新鮮な谷がわれわれを迎えた。頂から見える近隣の山々は黒々と森林が茂り、伐採された気配はなかった。その千古不伐の森林は無気味なほどに静まり返り、圧倒するような迫力でわれわれをとり囲んでいた。その周囲にはさらに幾多の山々が十重二十重にとり囲み、はるか遠くまで山波は続いていた。平地、人家、人造物は近くにはほとんど見えず、ただ遠くにわずかに小さく見えるにすぎなかった。その時、自分のいる地点が、奥山も奥、最奥の地点にいることをひしひしと感じたのだ。

あれから二十年以上の歳月が経過した。只見線は全通し、主要道は舗装され、入山は往時の半分ほどの時間ですむようになった。駒ヶ岳には山小屋が建ち、丸山岳、坪入山へも登山道が通じた。林道はのび原始林は減った。登山記録も数多く発表された。南会津の山は変わった。だが、谷川岳や八ヶ岳のようになったわけではない。山はいまだ静けさを保っており、訪れる人もずっと少ない。探せばいまだ新しいルート開拓の機会も残されている。つい先日もまったく人気のない新鮮な沢を静かな感動を覚えつつ遡行してきた。南会津へは今なお年数回足を運んでいる。南会津の山々は、私にとっては過去の想い出の山であるとともに、今まさに登り続けている山でもあるのだ。

三　回想・私の谷川岳

松本龍雄

私の〝山魂《アルピニズム》〟は谷川岳に育った——と想う。

初見参した谷川岳は、ウィンパーの「アルプス登攀記」で読んだヨーロッパ・アルプスよりもさらにすばらしい感銘を与えてくれた気がした。五月、残雪豊かな西黒沢である。

それからの私は、すっかり谷川岳に憑かれてしまった。その翌週にマチガ沢を登り、つづけて南面の谷ヒツゴー沢、オジカ沢三回、タカノス沢と矢つぎ早に単独行を重ねた。

「今のような山歩きをやっていては、きっといつか死ぬよー。」と顔見知りになった肩の小屋の小暮さんに真顔で忠告されさえした。未熟な登攀者にとって、残雪やブロックの崩落、雪渓や流水のほとばしる急峻な岩盤は恐ろしかったが、一ノ倉沢の切り立った懸崖に魅せられて、四ルンゼ、五ルンゼ、二ルンゼなどの単独登攀に酔い、酩酊にも似た精神の高揚《たかなり》に青春のよろこびを知った。

雲表倶楽部員となり、良きザイル仲間を得て、数年間かけてこの岳の悪壁といわれるすべてのルートを攀りつくし、さらに未知未踏の威圧的衝立岩群や、かえり見られなかった冬期登攀を志すようになった。

本州中央部の背梁山脈として関東平野の北方嶂壁を形成する谷川連峯の冬の登攀は、豪雪と北西季節風に明け暮れる。蒼白な氷雪で化粧され、雪崩の躍り狂う壁に挑むものは、「死不畏死」という程の苦闘をしいられる。

昭和のはじめから、近代登山発展史の証《あかし》として、三十年もの歳月と血と汗がしみこんだ日本でも屈指のこの岩壁に残された冬期登攀と、最後の未踏部分に、より困難を求める〝尖鋭的登山〟の実践を試みた。雪崩とともに攀った春の滝沢右稜。一ノ倉に新たな評価をめざした厳冬の衝立岩中央稜。烏帽子沢奥壁の冬期ルート、凹状岩壁の開拓。初登攀を競ったコップ状岩壁の夏冬の登攀。晩秋、氷雪に烟る滝沢第三スラブの緊迫した登攀など…… 栄光と悲惨な破局が紙一重の差異もない困難と危機を脱出するには、僥倖も偶然もない。極限まで鍛えた肉体と精神の、跳躍の姿勢に似た高揚だけが、未知未踏を超えさせてくれる。

これらの登攀は、南博人氏の衝立岩正面壁の完登とともに、谷川岳の長かった〝初登攀時代の終焉〟を意味し、スポーツ登山の場としてよみがえる新しい〝谷川岳〟の到来を告げるものでもあった。

谷川岳から、コーカサスの峭壁や、パミールの高峰に足を伸ばし、幾多の危機もあったが、谷川岳登攀の蓄積がもたらした技術と自信がそれに耐えさせてくれた。

たしかに、暗欝、峻嶮な半月形の一ノ倉の峭壁群や、明朗豪壮な悪壁幽ノ沢。南、西、北面に欝蒼とした樹林や深い渓谷、滝、瀞、滑、それに幕岩の懸崖をもつ谷川岳はまさに希有のものである。

僅か半世紀の間に、貴い先蹤者や稀に見る優秀な資質に恵まれた登攀者を含めて、七〇〇人もの犠牲を強要した〝岳〟は他にない。

しかし、おそい春——雪どけ水が走る岩襞に、コメツガザクラやイワカガミ、ミヤマウスユキソウ、ハクサンシャクナゲなどが一斉に咲きみだれる。夏、山鳴りが地殻の底から吹き抜けるみどりの岩壁、秋には名も知らぬ高山の草花があでやかさと清浄さで妍を競う。そして暴風雪の冬の日も、谷川岳は私にとって氷雪と岩のゆりかごだったのである。

この岳の記憶——それはよろこびと希望だけでなく、ときには重く悲しみに満たされてさえいるが、栄光と悲惨、成功と失敗、いいきれないものがここにはある。

——私の〝山魂《アルピニズム》〟は谷川岳に育った——といま、また想う。

四　仲間・想い出・希望

吉尾　弘

一九七九年の春、私は世界で最も美しい谷の一つと言われるランタン谷に入った。青い氷河と垂直のヒマラヤ襞《ひだ》、そして数千メートルの絶壁を峻立させた峰々の連なり。人間をはるかに越えるこれらの存在に、自然が創造した庭園という印象を強烈に受けたのだった。

ヤラピークという支稜上の峰から望むシュガール連峰もすばらしかった。七〇〇〇メートルを前後するこの山群の背後には、ゴザインタンの巨大も姿もあった。いずれ、これらの峰々の雪と岩が、アルプス的なクライミング感性をもった登山者の注目するところとなるのは必然だ、とそのとき思った。

雪と岩のコントラストと形状の美しさ、明るさは、アルプスをはるかに凌駕している。彷彿と登高意欲のわきあがってくるのを感じた。

私はこの前年の秋に、トリスリ河をはさんだかなた、ガネッシュ山群の第四峰、パビールを登った。パビールが未踏の峰であったため、私は最も特徴的な屏風を連ねたような雪壁の南東壁にルートを選んだ。その時点では、それなりの満足感もあった。だが、ガネッシュにないものがここにはある。それは蒼氷の壁だった。

いつのことだったろう、八〇〇〇メートルの山頂に登りたいという希望を私がもったのは。それ以来、穂高や剣、あるいは一の倉の冬の壁を真剣に登り始めた。それからかなりの時間が経過した。ときとして、それは炎となり、あるいは熾火となって私の脳の中にくすぶっていた。

いずれ私は八〇〇〇メートルに登ることになるであろう。そのために、三十代の半ば体力劣化を感じたときに、このままではいけないと肉体労働者になったのだ。

ただ、そこを登ったあとに、シュガールの山々や、それに類するような山塊が、私の次の目標になるだろうか。もし、より高きを望んだとしたら、一人よがりかもしれないが、クライマーを自負している私の存在は、その時点で終わるような気がしなくもない。

このランタン谷の帰り道、落葉松の林の中をとおった。松の落葉が厚く積もった路だった。秋深い奥多摩か奥秩父だったか、どこだったか同じようなところを歩いたような記憶があった。

私は落葉の路というものに郷愁にも似た感情をもっている。私が登山を始めたころは、ワラジと鋲靴の時代であった。縦走などの長時間の行動のあと、落葉の路にふみ込んで、靴底の受けるやわらかな感触に自然の優しさというものを感じたものである。

私が落葉の路に受ける郷愁の感情には、自然と生物との融合といったものと、もう一つには山仲間との想い出がある。日記をつける習慣がないため、名前をすぐに忘れてしまった人も多いが、ふと昔の仲間のことが想い出されたとき、たまらなくなつかしくなることがある。

私が山登りを始めたのは定時制高校二年のときだったが、一年のとき、クラスの仲間と三ツ峠に登り、晩秋の奥多摩も縦走した。このときの印象がいつまでも残った。それ以来、秋山は私のプライベートな山となった。私は山は秋が好きなのである。

山では穂高の涸沢が好きだ。同じように東京近郊の山々も好きである。なぜかと考えると、山の美しさや形ではなく、親しい仲間たちと、あるいは大勢の仲間たちと楽しくそこに居た、という記憶があるところ、想い出があたたかくわいてくるところ、そういった山が好きなのだ。

私の登山は山々の想い出の熾火と、今につづく仲間たちとの交友が充電して存在する。山と山の組織を介して知り合った仲間たち、私が最も大切にするものである。

登山界を明朗かつ健全なものにして、誰もが文化的な権利としてのスポーツと登山のできる世の中を創ろう、という同志的な連帯を仲間たちに感じたとき、それはすばらしい充実感がある。これからも私は心のつながる仲間たちとともに山を登ることと思う。

五　池ノ谷の雪崩

佐伯邦夫

一九八〇年一月、僚友荒木鷹志、江尻誠が剣岳早月尾根シシ頭から池ノ谷右俣に転落、行方不明となった。折からの風雪のため初期捜索においては遂に有効な手を打つことができず、雪どけを待つほかはなかった。人間の無力さにどれだけ歯がみをしたことだろう。これぞ海山を問わず、およそ遭難にかかわる者の等しい思いであろう。

五月に入ると池ノ谷の雪も安定し、麓の馬場島《ばんば》から半日もすれば二俣まで入れるのであった。ところがこの年の入山はそういかなかった。白萩川タカノスワリの雪の状態が悪く、ザイル工作をしつつ大人数が徒渉、高巻きを重ねるうちにどんどん時間がたってゆく。タカノスワリをぬけたころ激しい雨が襲ってきた。それがたちまちアラレ、ミゾレに変わる。池ノ谷出合いでツェルトにかむって遅い昼食をとっている間に雪となる。この日のうちに池ノ谷の下部廊下をぬけるのは無理のようである。出合いに天幕を張るほかはなかった。翌朝は新雪が三―四〇センチ積っていたが、まばゆいばかりの晴天だ。ゴルジュをつき進んだ。荷物が重いのとラッセルがあるので歩行の能率は上がらず、二俣の剣尾根末端のキャンプ地についたのは昼ごろになった。

腹をこわしてひとりが遅れていた。二人を迎えにおろす。三―四〇分たって、もう到着してもいい時分である。何か叫び声のようなものを聞いたと思うや大地をにぶくどよもす衝撃と同時に爆風に似た激しい雪あらし。雪崩だ！　右俣に大雪崩が出たのだ。あたり一帯雪まみれにさせて嵐は瞬時にして去った。次の瞬間、谷中にいる三人を失ったと思った。しかし三人とも左俣側に逃れて無事だった。右俣はるか上方に発生した雪崩を実は谷中にいた彼らのほうが早く知って避難したのだ。先に聞いた叫び声はそれが二俣の天幕場を襲いかねない形勢なので発した警告だったのだ。ともかく危いところであった。たまたま猫又山頂でこの雪崩を目撃し写真に収めたものを後日見せてもらった。快晴うららの全山のうち池ノ谷だけが雲海に埋められているといったような写真であった。

右俣ではこの三〇分ほど後にふたたび天地をゆるがすような大きなものが出た。このときもテント場が雪嵐に見舞われただけで直撃をまぬがれた。天幕を張り終えたが、陽が沈むまでとても安閑としておられない気持だった。翌日右俣に入ると二度目の雪崩の径路がよくわかった。早月尾根から落下するや広い右俣を横断して対岸の剣尾根へまくれ上がっているのだ。谷にそって流動して、やがてデブリになって停止するというものでない。雪をふくんだ大気の団塊がおよそ地形を無視して激しい速度でかけぬけた様子がよくわかった。五月といえども新雪がふればこんな強烈な雪崩が出るのだ。

ほとんど手も足も出ないような気になる。地形調査もかねつつ右俣全域を歩きまわるつもりで入山したのであったが、未明に天幕を出て、斜面に陽の当たりはじめる十時ごろには逃げかえるようにして天幕に入る。

この日も午後に入るや果たして右俣一帯は雪崩のオンパレードとなった。しかし、降雪二日後で、だいぶおとなしくなっていて、流路に立たない限り危険はない。かえってそれは痛快な眺めであった。池ノ谷右俣左岸一帯は黒い、高い障壁になっている。早月尾根中腹に起こる雪崩がこの障壁をあたかも滝のごとく雪煙を巻き上げ落下するのである。その何度目のときであったか雪に混って人が落下したという。二人見た、いや三人だったなどという。デブリにかけ寄るや果たして雪に半身を埋めてもがいている人がいる。さらに上にすでにこと切れたごとくつっ伏している人がいる。

これをただちに二俣のキャンプに収容、トランシーバーで馬場島に急が伝えられ、さらに早月尾根上の同行者と連絡がとられる。大阪の某山岳会の人達、剣岳から早月尾根を下降中池ノ谷へ引き込まれたのである。あわただしくヘリコプターが飛来してまた去る。結局一名死亡、一名重症、怪我人は夜を待たずして富山市の病院に収容された。他の一方は、すでにただの軀《むくろ》となり果てて、ともがらとの対面を待つ。まことに突然の、そしてまことに急転直下の遭難劇だった。何が二人を池ノ谷へ引き込み、何がその二人の生死を分けたのかなどといってみてもすべて空しいような気がする。

我々の捜索の方はこの時再開して九月に及んだ。入山二十七回、捜索人員延べ三六一人をかぞえて、ようやく二名のなきがらの収容を終結する。

剣岳はきょうも悠然とそびえている。麓に寄る者、早月尾根に取りつく者、池ノ谷をくぐろうとする者、皆小さな蟻で、飛びかうヘリコプターはハエの一匹のように思われるのだ。

六　白馬——初めての冬山

青木　寿

最初の冬山が白馬だった。

それはもう大分古い話になるが、当時私は我流でやっていた夏のキャンピングや縦走にあき足らず、岩登りと雪山をやりたくて入ったG登高会の新入会員として正月合宿に参加していたのだったが、処女雪を踏み分けて登路を開くラッセルに何ともいえぬ充実感を抱いていた——その合宿でのことである。

ベース設営後の初日は杓子尾根から杓子岳登頂の小手調べで、次の日ラッセル力を認められてアタック隊に編入され、この合宿の主目標である白馬岳主稜に挑んだ。剣の刃の様な雪稜を伝って午後、既に山頂に達していた別動隊と指呼の間に応答できる稜線直下に至ったが、不調のリーダーの判断によって登頂を断念して引返し、十数時間のアルバイトの後、無念の帰幕をしたのだった。

この撤退にどうしても納得のできなかった私は、一日の停滞後、ちょうど遅れて入山して来たSと杓子までということでリーダーの了承を得て再度のアタックに向かった。杓子登頂後、しぶるSを強引に説得して白馬に向かい、最後はSを小屋に残してガスの巻き始めた頂上に独り立った。

そこまでは何とかよかったが、既に悪化しはじめていた天候は帰路には風雪となり視界も利かず、杓子まで戻った頃には一層悪いことに短い日はすっかり暮れていた。ますます激しくなる降雪にすっかり埋まってしまったトレールを求めて、二人は盲人のようにピッケルを突き立て、ラッセル跡を探り、雪をかき分けて杓子尾根を下った。そして上部の悪場も何とか過ぎ、中間の大鞍部にさしかかったのだった。

そこで一気に雪の大斜面を下り反対側の斜面を登り始めた。（と思っていたのだったが）夢遊病者のような足どりでこの大斜面を半ば近くまであえぎ登った時、ふと降りつもった雪面に異物を認めて粉雪を払って拾い上げてみると、それは壊れたテルモスの破片であった。瞬間朦朧としていた脳裏に閃光が走った。——環状彷徨《リングワンデルング》！　目標物のない雪原などで人が迷った時、同じ場所をぐるぐる回り続ける異常な行動に陥るということを聞いていたが、この破片は今朝、杓子へ登る途中中間コルを過ぎ、登りの大斜面で小休止した際、割れているのに気付きすてたはずだ。とすると今登っている斜面は今しがた下って来た筈の杓子岳に続く斜面だ。そうだ、また同じ方向に回って引返しているのだ。ぼんやりとかすんだ頭の芯に残っていた光の部分が目まぐるしく作動して、この異変を直感した。同じように朦朧としていたSに説明したがあまり納得させ得ぬまま方向転換し、今度は慎重に下りに向かう斜面を登って何とか下降路を見つけ、途中心配したリーダー達の出迎えを受け、かろうじてテントにたどり着くことができた。思えば、遭難の危機を間一髪で回避し得たのである。

それから正月の後立山はなんとなく訪れる機会がなくて、二十年近くが過ぎた。そして先年M達と正月の鹿島槍天狗尾根から北壁直接尾根を登って不帰まで縦走し、二峰東壁下部・上部三角岩壁を継続する登攀に成功したが、このときも未曾有の悪天候で連日風雪に悩まされ、肩近いラッセルに泣き、最後の八方尾根の下降でも視界とトレールを失いビバーク寸前に追いこまれた。私にとって冬の後立山は二十年経ってもその厳しい表情を少しも変えていなかったのである。

七　穂高岳のころ

小西政継

穂高、といえばもうかれこれ十数年も登っていないが、ぼくの青春の日々の宿った場所であり、また冬のアルプスやヒマラヤへの厳しいトレーニングの場でもあった。熱いコーヒーをすすりながら、改めて思い出してみると、懐かしい山行の数々が胸の中によみがえってくる。

山学同志会に入会してまだ一、二年の二十歳前後の新人時代、夏の涸沢合宿へのキスリングはゆうに四十キロを越えていた。滝谷や奥又白の岩壁を登ることよりも、涸沢まで無事に入山できるかどうかのほうが、ぼくにとってははるかに気がかりなことだった。真夏の強烈な太陽がガンガン照りつける涸沢への道を歩きながら、いつも感じたことは「どうしてうちの会はいつもこんな重いキスリングで合宿するんだろうな。他の会の連中はサブザックの大きめのくらいで、女の子と一緒だったりしてさ、もう……」である。腹いせにこんな時はよくニッカーズボンの女性登山家たちの品評会をやる。「今のはひどい、一級！」「次は猛ブス一級！」「次は並で三級！」といった具合である。

本谷橋から涸沢への登りになると、もうこんなことを考えている余裕もなく、まさにヒイヒイでやっとこさっとこ涸沢のテント場へたどり着く。雪渓を渡ってくる涼風が爽快だった。翌日の滝谷が終わった後、高山植物の美しさにみとれ、涸沢圏谷を見下ろしながら、ドームの稜線の大きな岩板の上でのトカゲが、あのころの穂高の楽しさだったように思う。

本格的な登山を目指すようになってからの穂高は、楽しさは全く消え失せ、精神と肉体を鍛える厳しいトレーニング場となった。厳冬の北鎌尾根から北穂への縦走や、西穂から北穂への縦走、奥又白、屏風岩、どこもかしこも辛い思い出は数多くあるが、最もよく通ったのはやはり滝谷だった。

毎年決まってクリスマス・イブの夜行に乗り、翌未明、松本からマイクロバスで中の湯付近まで入り徳沢泊り。翌日は横尾から涸沢へラッセルにあえぎながらの苦しい登高だが、真白な涸沢圏谷の神々しいまでの美しさが疲れを忘れさせてくれた。

第三日目の北穂沢から南稜への登りは雪崩の危険がつきまとうのでもう必死にスピードをあげる。疲れた、苦しいなんて言ってはいられない。夜中の三時、満天の星空の下で腰まで没するラッセルが開始され、六時半ごろ、鎖場から南稜へ渡りきり、ツェルトをかぶっての第二回目の朝食となる。こんな時の熱い紅茶とタバコのうまさは格別だ。

西風をもろに受ける滝谷の冬は実に寒い。荒天の時などは壁にかけたアブミが一転して上に貼り付いてしまうし、ザイルも宙に舞ってしまうほどになる。初めのころはC沢への下降点でもう、あまりの風の強さにびっくり仰天してしまうが、回を重ねて慣れるにしたがい、寒気も風もビバークも平気になり、冬のマッターホルン北壁に行くころ（一九六六年）にはすっかり勝手知ったるトレーニング場になってしまった。蒼氷の急斜面を駆け下り、駆け登る……そうだ、当時はバイソンの二重登山靴とサレワの十二本爪アイゼン、それにアイスメスとシモン・スーパーがぼくらにとっての最新の装備だった。エビのシッポに飾られた氷雪の第一尾根、ドーム正面壁、グレポン、第四尾根、C沢右俣奥壁、どれもこれも今なお印象に残るルートである。

粋がって手袋をとって素手で登った滝谷の白い壁、第一尾根取付き直下に雪洞を掘って一週間もの耐寒生活……こんなこともあった、あんなこともと次から次へと思い出はつきない。

あれから十五年近くたつ今、夜の十一時、明日の朝ぼくはカンチェンジュンガ北壁へ出発する。ぼくがここまで歩んできた、歩んでこられた基礎は夏の穂高のキスリングの重さであり、冬のラッセルであり、滝谷でのトレーニングであったと思っている。カンチが終わったら、思い出多い滝谷で一夏のんびり遊んでみたい。

八　原点の山・八ヶ岳

雨宮　節

何年前になるだろうか、山岳会に入会して初めての冬合宿が八ヶ岳であった。本格的な冬の岩登りはその時が最初であったのである。ルートは今でもはっきりと記憶している。赤岳西壁のショルダーリッジである。

はたして登ることができるのだろうか。パートナーになってくれたのが、衝立岩正面壁の初登攀者であるF先輩と、その後僕のザイルパートナーになった同期のKだ。先輩のあとについていけばいいのだと自分にいいきかせ、新人の二人は胸をドキドキさせながら赤岳鉱泉のテントを出た。

F先輩がオーバー手袋をつけて登った一〇mほどの壁が、僕には手袋をつけたままのホールドでは自信がなく、登り切ることができない。やむなく手袋をとり、気を新たにして正面のフェースに取付く。みるみる指先は白くなり、しだいに感覚がなくなっていく。でも、かまってはいられない。必死になって登り切り、F先輩の顔を見る。たとえようもなく嬉しかった。しかし、この時は取付き点からわずか二ピッチ登っただけで時間切れとなり、真っ暗になったころ、赤岳鉱泉のベースに帰り着いた。

見事に凍傷の洗礼を受けたあの指先の痛さは、その後慎重な登山を志すという僕の姿勢ともなり、かえって幸いしたのかもしれない。

翌日、再度アタックへ向かう。昨日とかわって、今日のパートナーは後に屛風岩東壁の初登攀者となったI先輩であった。I先輩に導かれ、新人の僕とKは、やっとショルダーリッジを登り切ることができた。赤岳の頂上に立った嬉しさもまた忘れることのできないことであった。山頂から夏沢峠へ向かう途中、八ヶ岳名物の風に吹かれ、風が息をしている間に辿りつつ進んだのも楽しい体験となった。

こうした冬の岩登りを経験し、八ヶ岳は僕にとって忘れられない山となった。そうだ、山登りとはこうしたものなのだと思いこみ、阿弥陀岳北西稜、中山尾根、北峰リッジ、南峰リッジ、大同心、小同心と、狂ったように八ヶ岳の岩場を目ざして通った。

そんな時、街の本屋で『北八ツ彷徨』というタイトルの本が目にとまった。著者は当時もっとも先鋭的な岩登りを追究していた独標登高会の山口耀久氏であった。なけなしの金をはたき、何回も読み返した。北八ツに魅せられた一人の登山家の姿が、この本の行間に息づいていた。登攀に疲れると、僕もまた北八ツをさまよい歩くことになった。青春のまっただなかの昭和三十年代のことである。

その後、僕はヒマラヤ八千メートル峰の遠征に参加することができた。ヒマラヤのバリエーションの幕開けに加わることができたのは、本当に幸運なことであった。そのヒマラヤ遠征中のキャラバンで、奇妙に落ち着いていられることがあった。初めての場所を歩いているにもかかわらず、過去に何度も来たと思える場所があるのだ。それは、かつて僕自身が繁く通ったことのある奥秩父や北八ツの原生林であった。最初に参加した一九七一年のマナスル西壁のベース・キャンプ一日前の地が、まさに奥秩父の雰囲気のそれであった。

ヒマラヤ登山も変わってきている。無酸素登山がある。七千メートルの縦走、いや何年後には八千メートルの縦走にもなるだろう。厳冬期のエヴェレストもすでに単独で試みられようとしている。過去の大々的な大所帯のメンバーを組んでの極地法ではなく、アルパイン・スタイルと呼ばれる少人数での困難なバリエーションを目ざす時代になってきている。

八ヶ岳の岩場を狂ったように登り、北八ツをさまよった時から二十年の歳月が流れようとしている。この間に登山の方法も大きく変わり、ヒマラヤを目ざすパーティも年々増えつづけている。ただ、登山の流れが大きく変わっていく現在にあっても、僕にとっての登山の原点は、青春時代に心血をそそいだ八ヶ岳に厳として存在するのである。

九　南アルプスに想う

白籏史朗

……まだ明けやらぬ野呂川谷の溶暗の中に山脚をなだれこませた山が私の前に高く聳えている。長大な大樺沢が昇竜のようにうねり高まる突端には、わが青春を燃焼しつくしたバットレスが奮然と頭をふり立てている。北岳！　そのつねにはくろぐろと光るバットレスの岸壁はいま、射しそめた朝の光に燃え立ち、天空の紺碧を映す大樺沢の雪渓とともに、情熱と沈着のきわ立った対照を示している……。

私が南アルプスを想い起こすとき、まず脳裏に浮かぶこのイメージは、すでに三〇年の昔、初めて登った鳳凰山塊の上から北岳に見参したときの情景である。山麓の御座石鉱泉を午後八時に出発し、鳳凰小屋に着いたのが日の出の二〇分位前で、その日の出に間に合わすためすぐに出発した。あの白ザレ道を背の重荷に耐えてあえぎ登った苦しさも、地蔵岳の尖頭も、甲府盆地から富士山にむかって盛り上がった壮大な雲海も、そのときの私には何の感興もさそわぬ色あせたものと変ってしまったのである。そのときただひとつ、私の前には北岳があるだけだった。

運命の狙矢によってか、こうして南アルプスに縫い止められた私の南アルプス詣でが始まり、それから三〇年が過ぎた。いま想いかえすとき、まるで渓水のようにすみやかに流れ去った年月であるが、その間私は南アルプスから何を得ただろうか、また、南アルプスのためになにごとを為したろう、と顧みることしきりである。登山という行為が、ただ山頂に足跡を印することを以って終了するならば、私はたしかに南アルプスを知ったといえるだろう。古く、新しくつけられた登山道をたどり、深く穿たれた谷筋や、考えられるかぎりの尾根や山腹のルートを経て山頂にいたり、山頂から山頂をつなぐ縦走路にも朱線を引いた。夏山登山から始まった季節は、春から秋、そして冬と四季にわたって網羅され、ルートとからんで一枚の布を形成する経糸と横糸の状態にある。

しかし、山とは？　登山とは？　と考えるとき、この三十年来、私が南アルプスにおいて織り上げてきた布は何の価値もないのではないか、と思うのである。私は確かに山頂に登った、そして職業である写真を撮った。いや、職業であるがゆえにすべてをなげうって山に登ったといえるかもしれない。そして、自分が写真で表現した南アルプスによって、南アルプスをいささかなりと世に知らしめ得ると考えた。だが、それはあまりにも不遜ではなかったか、と省みるのである。

南アルプスに、山に登りたい、それも常に、と考えたところに職業として選んだ写真と山との結合があった。つまり、山に登るための口実、手段としての写真だったのが、いつか山にとって替って、写真のための登山となってしまったのである。山に身を置くとき、それがたとえどんな状態であっても私はたのしく、充実した時間を過ごす。そのため、いつか山とカメラが主客の立場を逆にしているのに気付かなかったのである。自分の写真によって南アルプスを世に知らしめる、と不遜にも考えたことがこうした事態を招いたのであろうか。

いま、私はあらためて考える。私は初心に還って南アルプスに対するべきだ、と。私にとって南アルプスのあらゆる山頂、あらゆる谷、あらゆる尾根は曾遊《そうゆう》の地であるが、いま初心に還って想い起こすとき、それらの場所がなんと輝やかしい光彩に満ちてくることか。その場所にふたたび立つことを思うとき、私の心は、未知と冒険への期待におののいた少年の日のままに若やぐのである。

時代の推移か、いま南アルプスも多くの山小屋が開設され、たくさんの登山者が訪れるようになった。しかし、それは広大な南アルプス中のほんの一部で、アプローチが省略され、重荷や急坂、長時間のアルバイトに苦しめられることのない山域に限られている。かつての南アルプスの良さを保つ素朴な山小屋の閉鎖も相次ぎ、プレハブ建ての味気ない小屋がそれに替っている。そして、何より悲しいことは山肌の荒廃である。濫伐に次ぐ濫伐で、古来、未知と神秘の象徴とされた深緑の原生林は消え果てて、美しかった渓谷も死んでしまった。これらのことを想うとき、私はそれを為した人間たちへの心の底からの怒りとともに、わが愛する南アルプスの復活に努力することが、私のこれからの使命だと考えるのである。

十　三倉岳のこと

高田直樹

海外遠征登山の後には、それが成功であれ失敗であれ、何らかの意味で、ちょっとした後遺症候群みたいなものがまとわりついていて、どうにも具合が悪いようです。

考えてみると、毎回そうしたことがあって、生活のリズムに乗れないような違和感があったり、人と話すのがひどくおっくうだったり、そこはかとない自己喪失感にとらわれたりするんです。

別に欲求不満がたまったからというわけではないようで、むしろ逆に、そうしたものを出しつくし放出しきっていて、ちょうど全力疾走をした後みたいに、ただ茫然としているという感じに近いようなんです。

この前の「ビアフォカラコルム登攀隊79」でのラトックI峰の後は、こうした後遺症が特にひどかった。ふつうだったら一か月もしないうちに何ともなくなるのに、このときは二か月近くなっても、まだおかしいんです。ぼくは車で北山に出かけ、その全くといっていいくらい人の来ない所にテントを張って、まる三日間、寝たきり老人みたい生活——といっても酒だけは飲んでましたけど——をつづけたら、大分よくなったようでした。

朝に樹にさえずる小鳥の声を聞き、夕に叢に鳴く虫に耳をすましながら、テントに横たわっていた時、ぼくはふと「広島山の会」の人達のことを想い出していました。そして、あの約束のことも……

彼等とは、カラコルムはバインター・ルクパル氷河の美しいサイドモレーン丘のベースで一緒でした。

森さんも高見さんも寺西さんも、彼等は口をそろえ、瞳を輝かせて、広島の山の素敵さを語ったものです。

「三倉岳の岩はすばらしいんですよ。あんなのはちょっとありませんよ。」

誰でも自分のホームゲレンデはよく思えるものです。こんな異国の、そして異質な自然の中ではなおさらのことだろうと思いながらぼくは聞いていたんです。でも松茸の話には強く興味を引かれました。

「そのネ、ほとんど誰も攀れない岸壁の上に、松茸がいっぱい出てましてて……。いやあ、毎年、腹いっぱい喰うんですョ」と森さんがいい、高見さんは、本当にうれしそうに、ほころんだ顔をヒクヒクさせながら、「ホ、ホントです。ス、スゴインです」

ぼくも思わずつり込まれ、「ほ、ほんまですか。ウソみたいですなあ」

ひっちゃきになって攀らないと、その松茸は手に入らない。なんとも素敵な話ではないか。ぼくはそう思い何となく感激したんです。そしたら、森さんは、約束しますよ、今年の秋にきっと招待しますから、といってくれたんです。

秋が深まった頃、広島から電話が入りました。ぼくは大喜びでこの招きを受けたんです。折良く京都にやってきた山溪のセツダさんを加えた男二人女二人の一行四人は、広島駅で出迎えを受け、車で三倉岳へと向いました。

かなりの距離を車で走り、夜道を歩き、登り、三倉岳クライムのベースに着きました。ちょっとした廃屋のような、でもムードあふれるトタンの片屋根のシェルターがありました。その内外で、大勢の男や女の人達が忙しそうに立ち働いているのが、たき火でくっきりしたシルエットになっていました。

板の間に、松茸が山盛りしてあります。なんでも、今年は不作なのだそうで、広島の学生さん達が朝から懸命にさがし求めてくれたのだそうです。

焼き松茸、吸い物、すき焼、松茸ごはんと、ぼく達は、広島の地酒と共に、本当に飽食したんです。

小用に外に出た時、夜目に浮かぶ岩肌を見あげながら、ぼくは思いました。ちょっと見には御在所の岩みたい。でも、このひと気のなさ、静けさは格別だなあ……

この「広島山の会」の代表で、ぼくより年上の平田さんは酔うほどに、ズボンをたくしあげ、その脚をぼくに示しました。「こんなことをしてまで攀らないと、この会の連中とはつき合えないんです」

彼の膝からすねにかけて、点々とやいとの跡がありました。

ぼくは黙って、その脚を見つめていたのでした。

第Ⅲ章　登山大系を読む

一　知床半島の山

北大ＷＶ部ＯＢ会

「知床」とは、アイヌ語の「シレトク」(地の涯ての意)に由来しているように、一昔前まではオホーツク海に突き出る前人未踏の秘境であった。昭和三十年代末に国立公園に指定され、四十年代の観光ブーム以来、多くの観光客が訪れるようになった。観光開発の波のため、原始的な知床の自然も、しだいにその姿を変えつつある。宇登呂《うとろ》側には知床スーパー林道が通り、宇登呂と羅臼《らうす》を結ぶ知床横断道路も完成した。このように秘境のイメージから程遠くなった感のある知床だが、ひとたび山に入ると、まだまだその原始性に浸ることができる。

知床の山々は千島火山帯に属し、半島基部から先端へ、海別《うなべつ》岳、遠音《おんねべつ》別岳、知西《ちりしべつ》別岳、羅臼《らうす》岳、オッカバケ岳、知円《ちねんべつ》別岳、ルシャ山、知床岳と連なる。一般登山道の整備された山は少なく、わずか硫黄山、羅臼岳、海別岳にあるにすぎない。羅臼岳周辺の賑やかさをちょっとでもはずれると、まったく静寂な世界が広がる。稜線は一部を除いて二ｍ以上のハイマツに

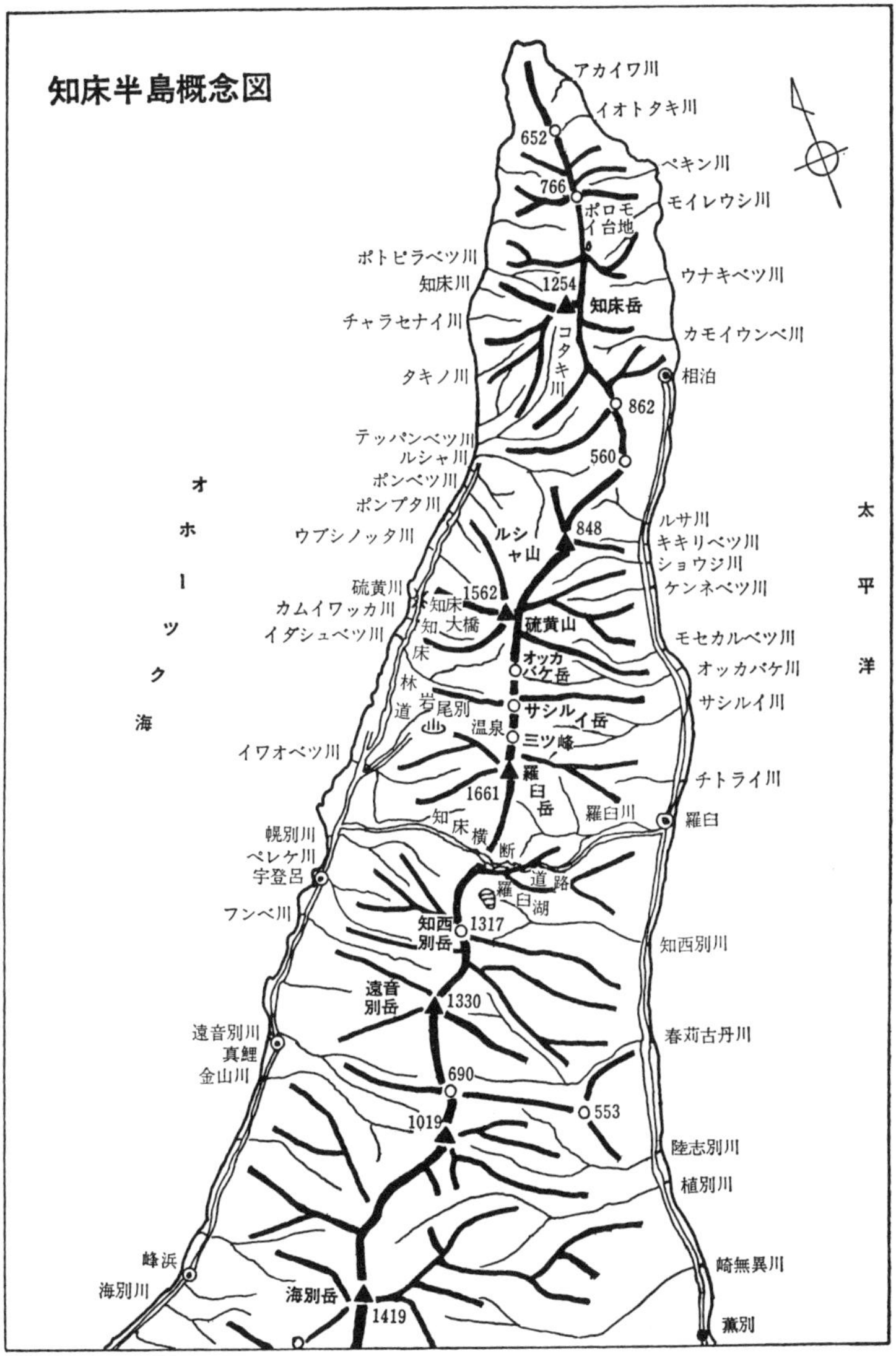
知床半島概念図
アカイワ川
イオトタキ川
652
ペキン川
766
モイレウシ川
ポロモイ台地
ポトピラベツ川
ウナキベツ川
知床川
1254
知床岳
チャラセナイ川
カモイウンベ川
コタキ川
タキノ川
相泊
862
テッパンベツ川
ルシャ川
560
ポンベツ川
ポンプタ川
オホーツク海
太平洋
ルサ川
ルシャ山
848
ウブシノッタ川
キキリベツ川
ショウジ川
硫黄川
1562
ケンネベツ川
カムイワッカ川
知床大橋
硫黄山
イダシュベツ川
モセカルベツ川
知床林道
オッカバケ岳
オッカバケ川
岩尾別温泉
サシルイ岳
サシルイ川
三ツ峰
イワオベツ川
羅臼岳
1661
チトライ川
羅臼川
知床横断道路
羅臼
幌別川
ペレケ川
宇登呂
羅臼湖
フンベ川
知西別岳
1317
知西別川
遠音別岳
1330
遠音別川
真鯉
春苅古丹川
金山川
690
553
1019
陸志別川
植別川
峰浜
崎無異川
海別川
海別岳
1419
薫別

おおわれ、羆やその他の動物の天下である。沢は草木が繁茂して暗く、以前より少なくなったとはいえ、イワナ（オショロコマ）が群をなす。

別項でも触れるが、知床の冬について一言しておこう。知床の冬は、強風と急激な天候の変化で、夏とはうって変わった非情な世界となる。一月下旬頃から宇登呂側の海岸線は流氷に閉ざされ、オホーツク海は白い氷原と化す。夏の間に賑わった海岸線の番屋には、キツネが散歩する程度で人影はまったく見られない。稜線を見ると強風が吹き荒れ、雪煙をあげる知床連山の姿がその厳しさをうかがわせる。こうした厳冬期の状況下における登山史をひもとくと、一九五三年の京都大学隊、一九五四年の札幌山岳会隊が最初に目につく。また岬から海別岳までの全山縦走は一九六三年に北海道学芸大学隊が行なっている。ちなみにハイマツのひどい夏の全山縦走は、一九六八年、早稲田大学隊が行なっている。また、残雪期五月頃の記録では、知床岳、硫黄山、羅臼岳は、昭和の初期にすでに登頂されている。近年、単独での全山縦走の記録も目にするようになった。

最後に、北海道の山は大部分そうだが、冬期を除くと羆の対策は考えておく必要がある。また、今ではほとんど耳にすることはないが、知床（道北）の風土病としてキツネやイヌを媒介とするエヒノコックスという恐ろしい寄生虫病がある。溜水は煮沸して飲めば安全である。

〔五万図〕　知床岬、ルシャ川、羅臼、岬、宇登呂、八木浜、峰浜
〔参考文献〕「北の山脈」七、一二、一三、一八、二一、三六号
〔当該地域の営林署〕　斜里営林署　斜里郡斜里町本町一五
　標津営林署　標津郡標津町字本町

知床の沢

国土地理院発行の二万五千分の一地形図に表われている知床の沢は、羅臼側、宇登呂側とそれぞれ四〇本程度である。これらの沢は、羅臼と宇登呂を結ぶ線とルサ川とルシャ川を結ぶ線によって、半島の基部の方から、基部、中部、先端部の三地域に大きく区分けされる。基部の沢は長いわりには面白味に乏しく、ほとんど遡行されていない。主体は中部の沢である。先端部の沢は、一般に海岸線近くに中規模の滝を有し、上流部は何もないことが多い。ここでは、主に中部の沢を紹介することにしよう。

知床の沢の大きな特徴は、オホーツク海に六〇㎞以上突き出た細長い半島上にあるため、主稜線を分水嶺として短く、河口から一本づめとなり、ほとんどが一日行程であることである。そのため、これらの沢を結んで稜線や海岸線をも含めたおもしろい沢旅が期待できる。

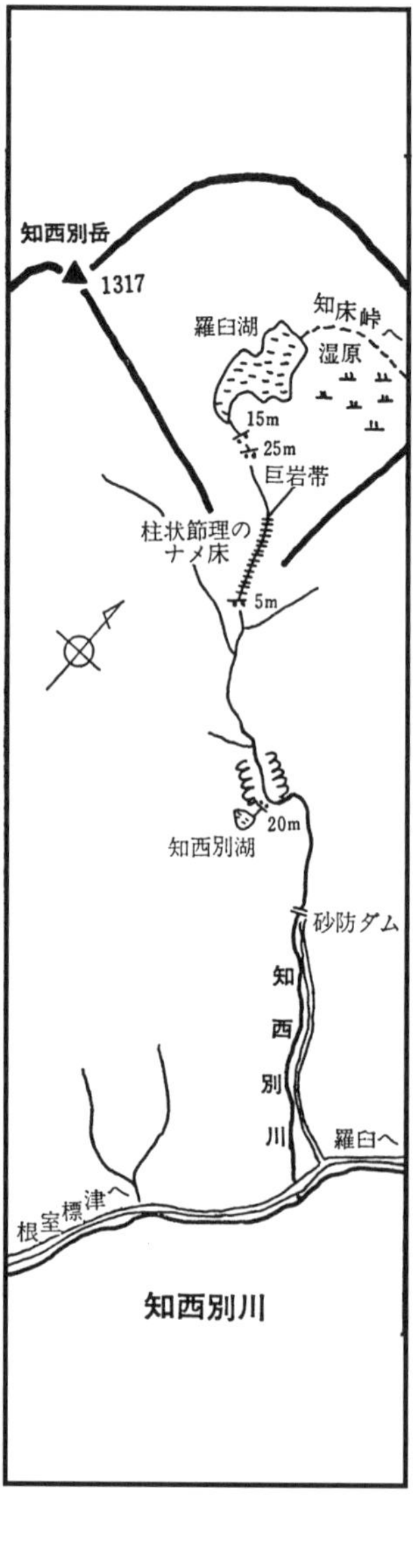

他の特徴としては以下のようなことがあげられよう。日高の沢などと比較すると、規模はかなり小さく、函らしい函はなく、また、沢内は暗く、苔が多く滑りやすい。河原はほとんどなく、岩肌もきれいとは言いがたい。さらに、硫黄を含んだ沢が時々見られ、イワナやヤマベの宝庫で、たまにサケやマスさえ見られることがある。そして、遡行する人が非常に少なく、記録もあまり表に出てこない。現在でも、最も人気のある沢で一シーズンに一〇パーティ程度のものと思われる。

沢への取付きはほとんど河口からか、少し林道を入った所からである。羅臼側は相泊《あいどまり》まで、宇登呂側は知床大橋まで車で入れる。先端部の沢へ行くには海岸線を歩くしかないが、羅臼側は海岸線に立ち並んだ番屋に人が入って結構な賑わいとなっている。宇登呂側は番屋もほとんどなく、場所によっては泳ぐ必要も出てくる。知床横断道路の完成によって、羅臼と宇登呂間の移動が楽になり、以前のように斜里か根室標津《しべつ》まで戻って、根北峠《こんぱく》を越えなくてもよくなった。

なお、先端部の沢や支流にはいまだ前人未踏の沢が残されていると思われ、冬期の遡行記録はほとんどない。

1　知西別川《チリシベツ》　七－八時間

短いわりに、滝、小さなゴルジュ、柱状節理のナメ床、巨岩帯と変化に富み、源頭が羅臼湖のため水量も多い。

羅臼町より車で一〇分ほど手前に河口がある。河口からやや離れた所に林道入口があり、四〇分ほど歩いた第三砂防ダムを越えて沢に降りる。ここまでは車で入ることもできる。二mほどのナメ床の段差を越えると、標高一二〇mまでは単調。右岸より知西別湖からの二〇mの滝が合流しており、本流はゴルジュの中にヌルヌルした傾斜のゆるい小滝となっている。これをへつると小規模のゴルジュが少し続くが、再び単調になる。標高二四〇m二俣を過ぎ、二七〇m地点の五mのナメ滝を越すと、四―五〇〇mにわたって小さなナメ滝、ナメ床が連続する。左岸は美しい柱状節理で快適そのものである。この後は急傾斜の巨岩帯となり、高度をかせぐ。標高六五〇m付近に二段二五m、さらに一五mの滝が現われ、左岸を大きく高巻いて越える。沢から離れやすいので気をつけ、再び沢に戻ると羅臼湖は近い。羅臼湖は遠浅の湖で、岸に沿ってザブザブとその中を渡る。湖の東側の湿原を楽しみ、知床横断道路に出て、羅臼側か宇登呂側に下る。

2 サシルイ川　一二―一五時間

知床中部の沢では最も長く、水量も比較的多い代表的な沢である。中流部より大滝の連続となり、源頭は羅臼平のお花畑で、沢のよさを充分楽しめよう。

羅臼町から河口まで車で一五分。河口のすぐ上に砂防ダムがあり、右岸を大きく巻いて沢に入る。標高三〇〇mまでは、知床特有の暗いだらだらした沢で、時間のわりには標高がかせげない。標高三〇〇mを過ぎてナメ滝が現われると、まもなく両岸が迫って左岸より三段構成の七、八〇mの滝が落ちている。しぶきを浴びながら右岸を通過する。このあたりから核心部に入る。二〇mの滝を二つ、その他小さな滝を越すと、六〇〇mの二俣となる。左俣は四〇mのナメ滝、右俣は三段五〇mの滝で圧巻だ。一段目上部まで中央を行き、左岸に渡って最上段を巻くのが適当だろう。小滝を越えてゆくと七〇〇m二俣で、さらに八五〇mの二俣までは二〇mの滝が二つある。右俣をつめるが、一〇m弱の滝を越えると両岸よりブッシュが迫り沢筋は狭くなる。そのうえ、ナメ床には苔がこびりつき、ワラジでも滑りやすく快適とはいえない。下降の際は苦労する。水流が切れ雪渓が現われると、一時間半でお花畑より羅臼平に出る。一日行程としてはかなり厳しいが、はるかに国後島《くなしり》を望む羅臼平直下の雪渓でテントを張りたい。羅臼岳に登り、夏道を羅臼町か岩尾別温泉へ下る。

3　オッカバケ川　一〇―一二時間

このあたりの沢としては、不思議に滝の少ない沢である。

河口までは羅臼町より車で二〇分弱だが、河口を見落としやすいので注意（海岸の天狗岩を目印にする）。沢内の河原は巨岩が多く歩きずらい。ところどころゴルジュ状の中に小滝が現われるが困難ではない。緩い傾斜の三段の滝を越すと標高三七〇m二俣である。右俣は南岳へ、左俣は二ツ池、オッカバケ岳に出る。これといった大きな滝もなく七〇〇m二俣となり、源頭は脆い垂直状の岩壁となる。残雪が多いと問題はないが、ベルクシュルントが開いて取付きに苦労することもある。草付きの斜面を越えて、灌木とハイマツのブッシュこぎで縦走路に出る。二ツ池にテントを張るとよいだろう。

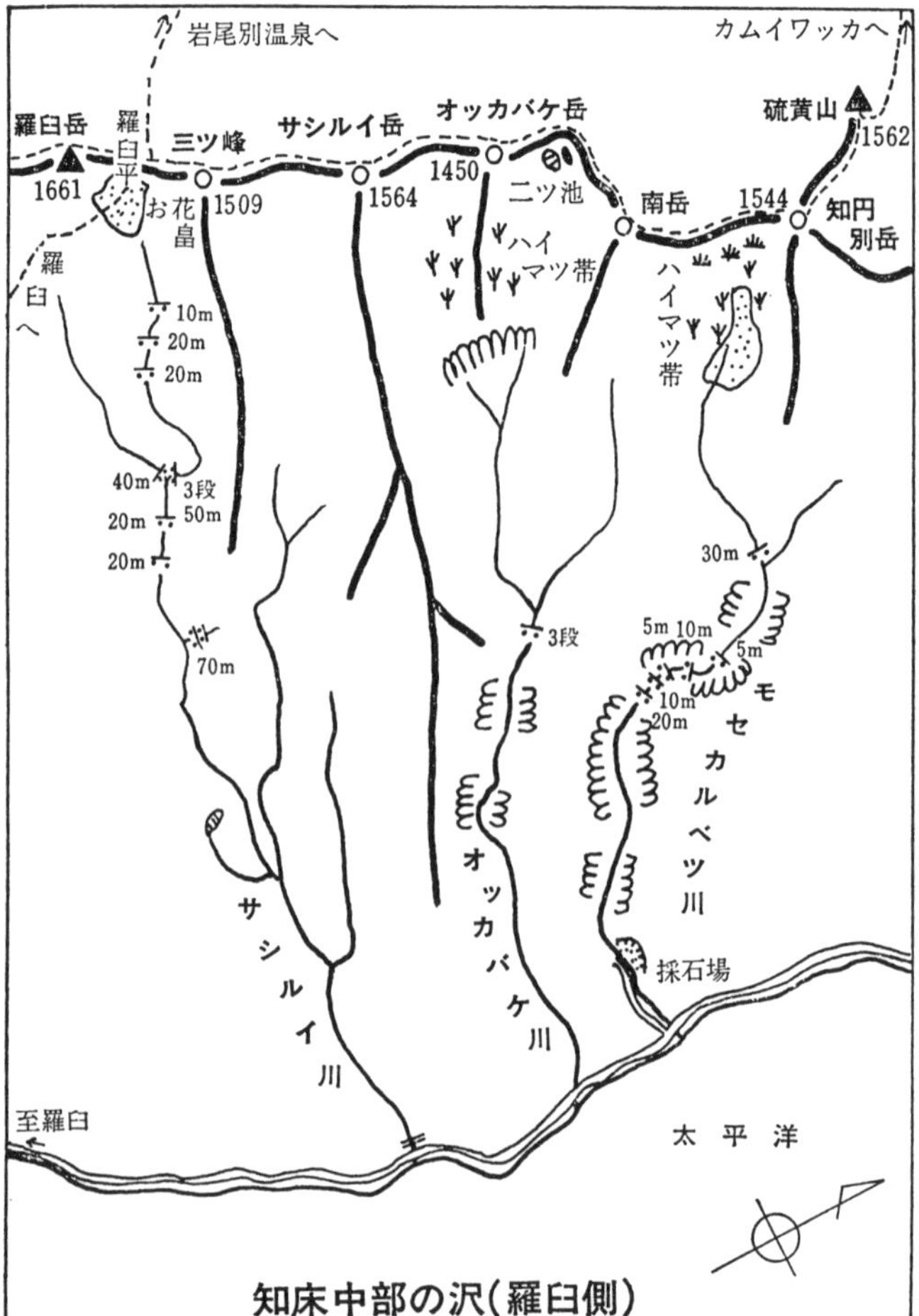
岩尾別温泉へ
カムイワッカへ
羅臼岳
1661
羅臼平
三ツ峰
1509
サシルイ岳
1564
オッカバケ岳
1450
二ツ池
硫黄山
1562
南岳
1544
知円別岳
お花畠
ハイマツ帯
ハイマツ帯
羅臼へ
10m
20m
20m
40m
3段
50m
20m
20m
70m
3段
30m
5m 10m
5m
10m
20m
モセカルベツ川
オッカバケ川
サシルイ川
採石場
至羅臼
太平洋

知床中部の沢（羅臼側）

4　モセカルベツ川　七―一〇時間

硫黄山への便利なルートで、水量は少なく、中規模の滝が多い沢である。滝はほとんど直登可能である。

河口までは羅臼町から車で約二〇分。林道が一・五㎞ほど奥まで入っており、終点は採石場となっている。沢に入るとすぐ小滝とナメ床の連続となるが、暗く滑りやすい。両側の迫ったゴルジュの中は巨岩がつまっており、標高はかせげる。標高四〇〇mの二〇mの滝は左側を楽に直登できる。さらに、一〇m、五mの滝が続き、東への屈曲部に一〇m、北への屈曲部に五m、その後も小滝、ナメ床と連続する。このあたりまでは霧でもかかっていると薄暗く、いかにも熊の出そうな雰囲気である。六九〇mの平坦な二俣で急に開け、左俣を少し行くと三〇mの岩盤状のナメ滝となる。上部は数mほど垂直に落ちている。あとは巨岩の中を高度をかせぎ、お花畑の中、雪渓と涸沢を忠実にたどる。ハイマツを一〇分ほどこぐと知円別岳下の縦走路に出る。硫黄山の南下の雪渓かお花畑、二ツ池にテントを張ることになろう。

5　ショウジ川　七時間

三〇ｍの大滝がポイントだが、他はわりと単調な沢である。

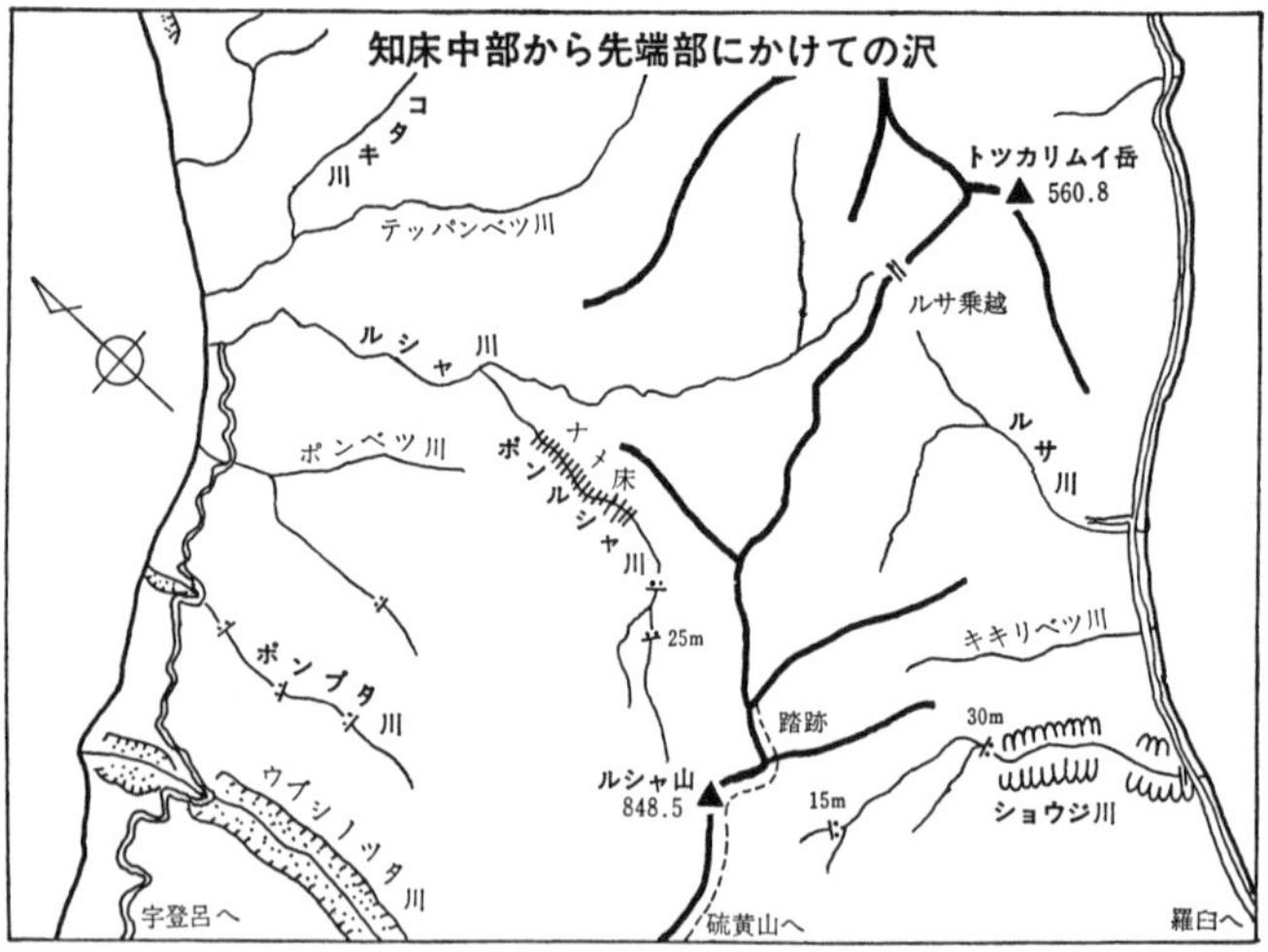

羅臼町から車で三〇分ほどでショウジ川の河口である。河口から一〇〇mの所に砂防ダムがあり、高くはないが、河口からのゴルジュの中にあるため、河口から高巻く。暗いゴルジュの単調な沢を一時間半で二段三〇mの大滝に出る。両岸とも岩壁のため苦労させられる。これを越すと明るくなる。四一〇m二俣は右俣に入り、一五mの涸滝を簡単に越す。やがて傾斜がきつくなり、苔むした石の上を滑らないように進み、源頭のブッシュをこいで稜線に出る。硫黄山に向かい夏道を下る。

6　イダシュベツ川　六―八時間

宇登呂側より半島中央部の主稜線に突きあげる沢で、比較的水量が多い。源頭のブッ

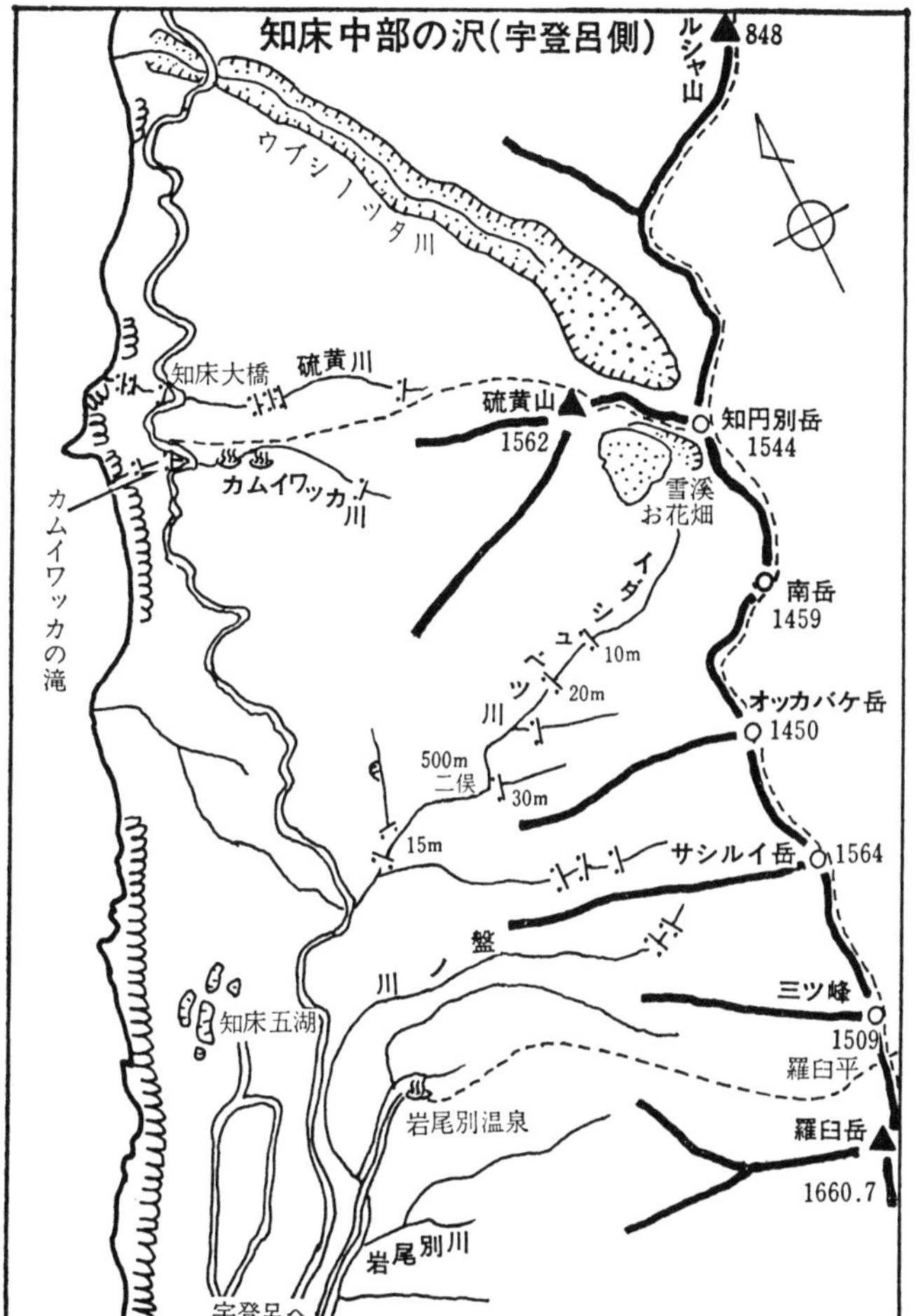
知床中部の沢(宇登呂側)
ルシャ山
848
ウブシノッタ川
知床大橋
硫黄川
硫黄山
1562
知円別岳
1544
雪渓
お花畑
カムイワッカ川
カムイワッカの滝
イダシュンベツ川
10m
20m
500m
二俣
30m
15m
南岳
1459
オッカバケ岳
1450
サシルイ岳
1564
盤ノ川
三ツ峰
1509
羅臼平
知床五湖
岩尾別温泉
羅臼岳
1660.7
岩尾別川
宇登呂へ

シュこぎはない。

宇登呂より知床林道を車で約四〇分行くと、イダシュベツ川にかかる橋に着く。沢に入るとまもなく二俣となる。右俣の奥は、地形図上、滝の連続となっている。左俣に入り、水量の多い二段一五mの滝となる。これは右岸を高巻く。すぐ無名沼からの沢が滝となって流れこんでいる。標高五〇〇mの二俣では右俣に三〇m近いナメ滝が見えるが、本流は六六〇m二俣まで何もない。この右俣の奥にも大きな岩盤帯と滝が見える。左俣を行き、やがて二〇mの滝が現われ、簡単に越える。以後は巨岩地帯となって標高をかせぐ。標高八五〇mの最後の涸滝は直登も可能だが、普通は左岸を巻く。涸れたナメ床、砂礫地帯を過ぎ、だだっ広いすり鉢状の平坦部に出る。南の二ツ池の方に上がれば縦走路だが、北に回りこんで雪渓の残ったお花畑にテントを張ると気持がよい。硫黄山よりカムイワッカへの登山道を下ることになる。

7　ルシャ川　七時間

ルシャ川本流は平凡な沢で、ルサ乗越よりルサ川に下り、羅臼側に出るために利用する。七〇mの二俣の右俣であるポンルシャ川は、ルシャ山西方に突きあげ、知床岳側から硫黄山へのコースとなる。

宇登呂から車で一時間で知床大橋に着く。そこより歩いて三時間弱でルシャ川河口である。七〇m二俣の右俣を行き、標高二〇〇mくらいまではナメ床で歩きやすい。標高三〇〇mにある滝を越えると、やがて標高三五〇mの二俣となり、左俣を行く。まもなく二段二五mの滝が現われる。あとは沢を忠実にたどり、ブッシュをこいで縦走路に出て、硫黄山へ向かう。

8　コタキ川　八—一〇時間

大滝こそないが、函と小滝が連続しており、また今でこそ少なくなったものの、オショロコマの豊庫でもある。知床岳に突きあげる本流をテッパンベツ川と呼んでいたが、国土地理院二万五千分の一地形図ではコタキ川としているのでそれに従う。

宇登呂より車で知床大橋へ、さらに徒歩約三時間でテッパンベツ川河口である。河口からすぐの二俣を左に行く。標高六〇mくらいまで林道がある。やがて函や小滝が現われ始め、標高二三〇—四〇〇mまでの間は小規模の函と小滝の連続となる。函の中を行ってもよいし、高巻いて上を行くのもよい。この間によい幕営地が、標高二四〇m、三五〇m地点にある。沢は単調となり、七〇〇m二俣である。両方から七、八mの滝が落ちている。ここから先は、最もハイマツをこがないですみそうなルートをとって知床岳を目ざす。ポロモイ台地の知床沼によい幕営地がある。モイレウシ川か、夏道となっているウナキベツ川を下る。

9　中部のその他の沢（羅臼側）

羅臼川　本流上流部に滝が期待できそう。支流の沢にも登山道からナメ滝が見える。

ケンネベツ川　モセカルベツ川とショウジ川の中間に位置し、上流部に中規模、ないしは大きな滝が期待できる。

10　中部のその他の沢（宇登呂側）

岩尾別川　昭和の初期にすでに遡行されており、岩尾別温泉の先に小滝がある。また、支流の盤ノ川の上流には滝が期待できる。

カムイワッカ川　海岸近くに「カムイワッカの滝」があり、知床林道から生暖かいナメ床を二〇分行くと、小さな滝壺を利用した温泉があり、気分のよい所である。

硫黄川　知床大橋のかかる沢で、脆く、急峻。標高六〇〇ｍまでは滝の連続である。

ポンプタ川　いくつかの滝が期待できる。カムイワッカ川からここまでの沢は、どれも海岸近くに必ずいくつかの滝を持っている。

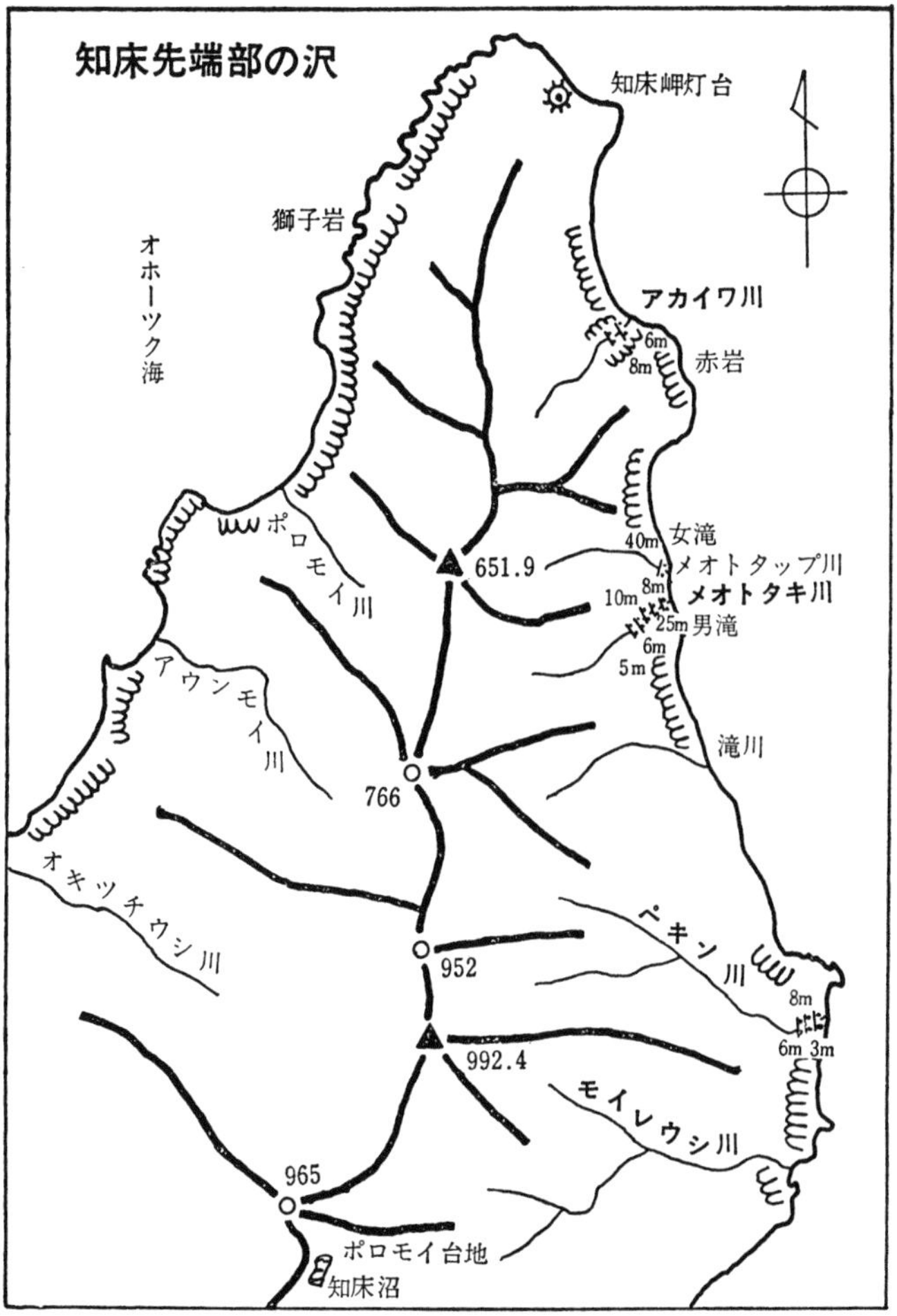
知床先端部の沢
知床岬灯台
獅子岩
オホーツク海
アカイワ川
6m
8m
赤岩
ポロモイ川
女滝
40m
651.9
メオトタップ川
10m
8m
メオトタキ川
25m
男滝
6m
5m
アウンモイ川
滝川
766
オキッチウシ川
ペキン川
952
8m
6m 3m
992.4
モイレウシ川
965
ポロモイ台地
知床沼

11 先端部の沢（羅臼側）

アカイワ川　下流は小規模なゴルジュ。中に六m、八mの滝がある。脆い岩で落石に注意がいる。上流は何もない。

メオトタキ川　二五mの夫婦の滝の男滝がある。さらに滝が続くが、すべて高巻く。上流は何もない。

ペキン川　海岸近くに、三m、八m、六mの滝。あとは単調。

モイレウシ川　羅臼側より知床岳のルートとして使う。

ウナキベツ川　沢というより知床岳の夏道として使う。

ルサ川　標高四〇〇mのルサ乗越しを越して、ルシャ川に下り、宇登呂川に出るために使う。

12 先端部の沢（宇登呂側）

ポトピラベツ川　知床岳北側のガレ場を源頭とする険悪な沢。崩壊が激しい。大滝がいくつかあるが、大きく高巻いているため規模はわからない。沢は短いが時間は充分とる必要がある。

知床川　河口から四〇〇m入った所に、釜を従えた垂直の三〇mの大滝があり圧巻。源頭

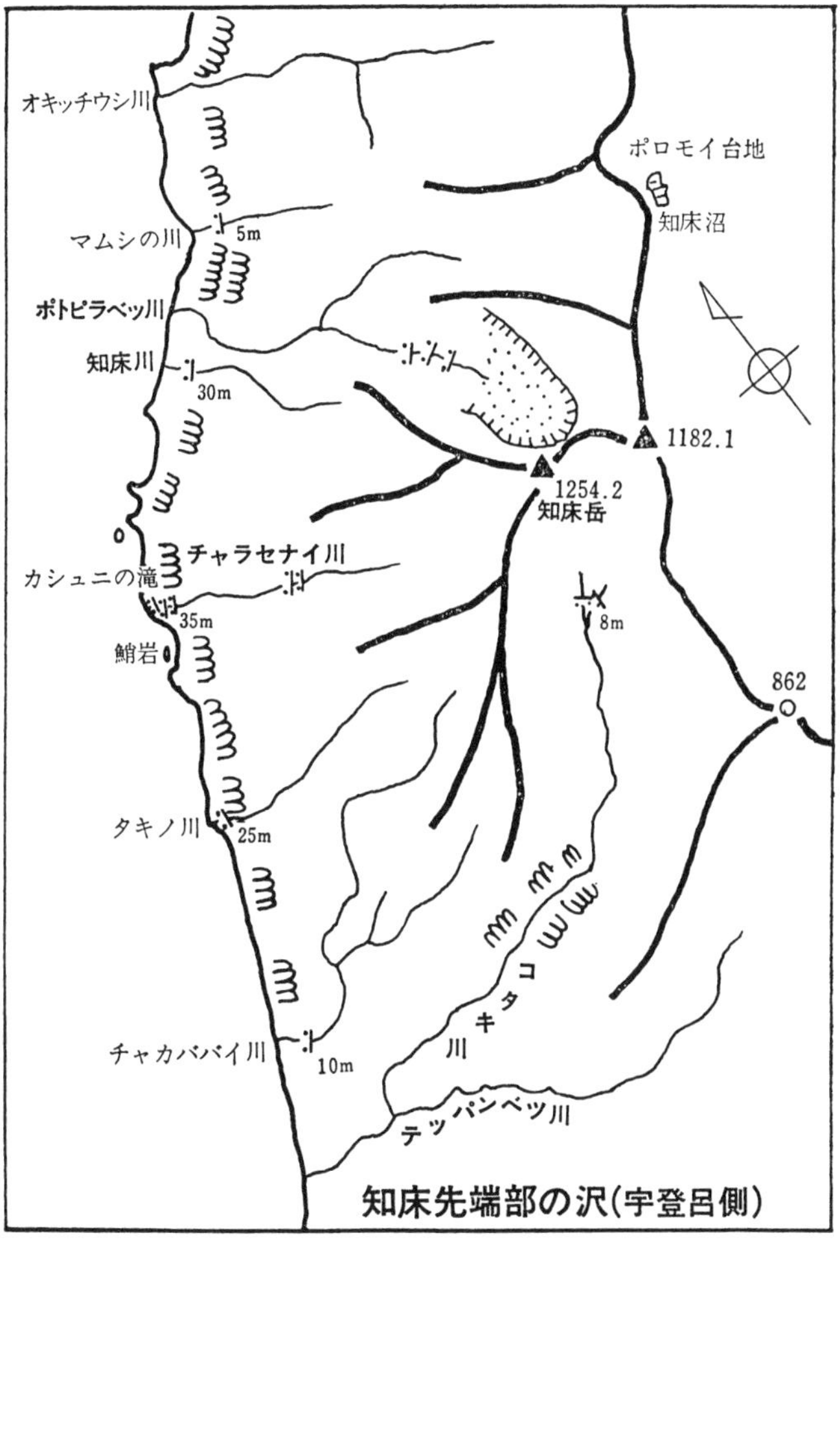

オキッチウシ川
ポロモイ台地
知床沼
5m
マムシの川
ポトピラベツ川
知床川
30m
1182.1
1254.2
知床岳
チャラセナイ川
カシュニの滝
35m
8m
鮹岩
862
タキノ川
25m
コタキ川
チャカバイ川
10m
テッパンベツ川
知床先端部の沢(宇登呂側)

部も滝が期待できそう。

チャラセナイ川　海岸線に五段三五mのナメ滝があり、最下段はカシュニの滝と呼ばれる一〇mの垂直の滝が直接海に落ちている。上流にもまだ期待できそうである。

＊＊＊

冬の知床

概説でも多少ふれたが、冬の知床で最も注意しなければならないことは、強風と急激な気象変化である。主稜線およびコル、あるいは沢への吹きあげ、吹きおろしは、想像以上の風が吹き荒れる。ブロックが飛ばされ、テントが破かれることもあり、雪が飛ばされて雪洞が消滅した例もある。幕営地は、確実に風が避けられる地形を選ぶか、高度を下げる必要がある。標高八〇〇m以下ならば一応安全かと思われるが、羅臼町あたりでも人家に被害が出ることもあり、充分な配慮は怠るべきではない。二ツ玉低気圧の通過する春先は、ドカ雪を伴うことが多く、テントをつぶされる危険性もあるので、エスケープ・ルートを考慮しておく。

一方、半島性気候の特徴である局地的気象がしばしば発生し、その変化は激しい。天気図上に現われないオホーツク海に発生する小低気圧によって、急激に天候が変わるので、行動中は晴天であっても気はゆるめられない。

気象にくらべると、地形は岩稜や細い稜線が少なく、それほど問題はない。稜線上での雪崩はほとんどなく、大きな雪庇も張らない。また、夏には二m以上のハイマツ帯の稜線も、クラストした雪におおわれ歩きやすい。もともと北海道の冬山はスキー利用を基本とするが、知床も例外ではない。しかし、雪の少ない一月などは、ハイマツ、ブッシュが顔を出していて、苦労することも多い。

アプローチとしては、羅臼側はルサ川まで、宇登呂側は宇登呂まで除雪が入っている。早ければ三月下旬には、もう少し先まで除雪はのびる。

入山ルートとしては、一般的に、羅臼側は岬町小学校から硫黄山、ルサ川から硫黄山方面、知床岳方面、カモイウンベ川から知床岳などがあり、宇登呂側は峰浜スキー場から海別岳、遠音別川沿いの林道から遠音別岳、知床峠から羅臼岳、知西別岳、岩尾別温泉から羅臼岳などがある。知床峠より羅臼岳西ルンゼを通過するルート以外は、冬山の技術を身につけていれば技術的に問題はない。パーティにより、地形図から適当な尾根を選んで取付いている。

知床に入るパーティの大部分は、以上のルートからの縦走形態をとることが多い。縦走で問題になる区間は、硫黄山と羅臼岳の間で、一日ぎりぎりの一五〇〇m近い稜線行動である。

風に耐え得る適当な幕営地がなく、この間の気象変化には充分気を配る必要がある。岩稜があるのは、羅臼岳周辺、硫黄山付近、先端部の稜線の一部のみである。

眼下に広がる流氷原、遠く富士山に似た国後島のチャチャヌプリなど、冬の知床稜線からの眺めは、他の山域では見られない独特の景観を備えている。気象に充分注意して、心ゆくまで味わってみたいものである。

〔執筆者〕鈴木波男

二　日高山脈

北大山の会
北大WV部OB会

日高山脈は北海道の背骨にあたる褶曲山脈であり、その山域は北の狩勝峠から南の襟裳岬までの約一二〇㎞の間とされている。主峰の幌尻岳が二〇五二・四mと標高こそ低いが、数度にわたる氷河期を経ているため、九〇内外の氷蝕地形や大小二〇以上にも及ぶカール（圏谷）状地形を有し、急峻な山稜を形成している。また本州の山岳地帯とは異なり、一部の山を除いて登山道がなく、広大な原始林と高緯度の厳しい気象を特徴としている。

北海道の山野は、狩猟を目的とした先住民族のアイヌたちによって縦横に歩き回られており、日高山脈も例外ではなく、奥深く足跡を印せられていた。彼らは自分たちの歩いた川や沢、また山々にも名を冠しており、現在でも国土地理院の地形図に数多く残されている。

日高山脈の純粋な登山は一九二三年七月、北大の松川五郎氏らの芽室《めむろ》岳の登頂に始まる。

ついで一九二五年七月、同じく北大の伊藤秀五郎氏らは、美生川《ピパイロ》を遡行してピパイロ岳に登頂し、稜線を伝って戸蔦別《トツタベツ》岳へ至り、さらに主峰幌尻岳の初登頂に成功し、戸蔦別川を下っている。主稜線上の山々は、今大戦前にほぼ登りつくされている。一方、冬の日高山脈も、北大山岳部によって拓かれた。一九二八年四月には西川桜、須藤宣之助の両氏によるピパイロ岳の積雪期初登頂があり、翌一九二九年一月、早くも幌尻岳が登頂された。夏の初登以来わずか三年半でなされた快挙であった。その後、主な山々は次々と登られてゆくが、ペテガリ岳だけが残った。初めて冬のペテガリ岳を目ざしたのは、一九三二年三月の坂本直行、相川修の両氏で、中の川からのルートをさぐった。それから一一年後の一九四三年一月、北大の今村昌耕氏らによってやっと初登頂されている。この間、一九三九年十二月、コイカクシュ札内川のベース・キャンプから沢を登っていた葛西晴雄氏らのパーティ九名が雪崩に呑みこまれ、八名の命が失われるというアクシデントがあった。ペテガリ岳で、もう一つの大きな記録は、物資の乏しい一九四七年暮から翌年一月にかけての、早大山岳部が行なった東尾根からの登頂である。小島六郎氏等一六名のパーティは東尾根末端から忠実にたどり、極地法を用いて成功に導いた。

戦前・戦後を通じての日高山脈登山の主流は大学山岳部であったが、社会人として最初に足を印したのは札幌市の楡金幸三氏で、一九三〇年二月、芽室川の最奥人家から日帰りで芽室岳に登頂している。次いで、小樽市の一原有徳氏が、一九三六年十一月、芽室川から芽室岳、さらにパンケヌシ岳まで足をのばしている。一九四八年頃から、社会人登山家たちの行動も、春、夏、冬と、目立ってくる。

日高山脈で登山道のある山は、北から、芽室川からの芽室岳、千露呂川からの戸蔦別岳経由の幌尻岳、同じく額平《ヌカビラ》川からの幌尻岳（数回徒渉）、ペテガリ川からのペテガリ岳（西尾根コース）、同じくポンヤオロマップ川からのペテガリ岳（東尾根コース）（橋が数個所落ちている）、ニシュオマナイ川からの神威岳（数kmは川の遡行）、メナシュンベツ川からの楽古岳（数回徒渉）と数えるほどしかない。山稜の踏跡も、ピパイロ岳から幌尻岳、エサオマントッタベツ岳からカムイエクウチカウシ山、コイカクシュ札内岳からペテガリ岳までの各間にあるのみで、いずれも一部ブッシュこぎがある。したがって沢をつめて山頂に登り、再び沢を下るという形態をとることが多くなる。

北日高の沢は概して河原の発達した穏やかな沢が多く、その源頭部はカール地形を抱いている。そのため日高の入門コースとなっている。中部から南部にかけての沢は、中流部に険悪な函を持ち、上流部は連続する滝となって頂上部へ突きあげており、中・上級者向きの沢となる。これらの沢にかんして詳しい遡行図というものは公表されておらず、函のへつ

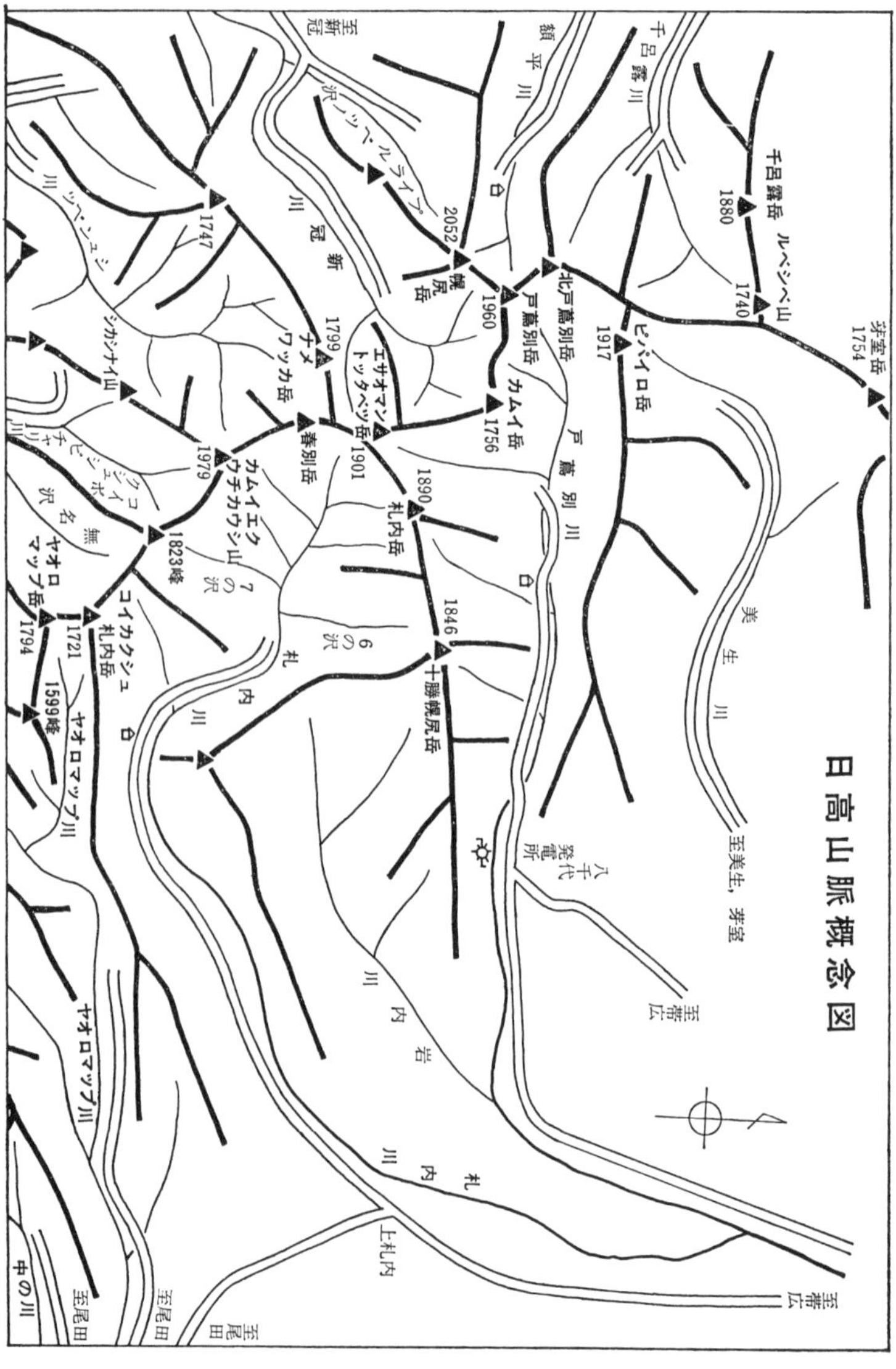
日高山脈概念図
芽室岳
1754
ルベシベ山
1740
千呂露岳
1880
千呂露川
額平川
至新冠
ピパイロ岳
1917
北戸蔦別岳
戸蔦別岳
1960
幌尻岳
2052
カムイ岳
1756
エサオマントッタベツ岳
1901
札内岳
1890
1846
十勝幌尻岳
春別岳
ナメワッカ岳
1799
1747
1979
カムイエクウチカウシ山
シカシナイ山
1823峰
コイカクシュ札内岳
1721
ヤオロマップ岳
1794
1599峰
ヤオロマップ川
新冠川
戸蔦別川
美生川
札内川
岩内川
6の沢
7の沢
無名沢
八千代発電所
至美生，芽室
至帯広
上札内
至尾田
中の川

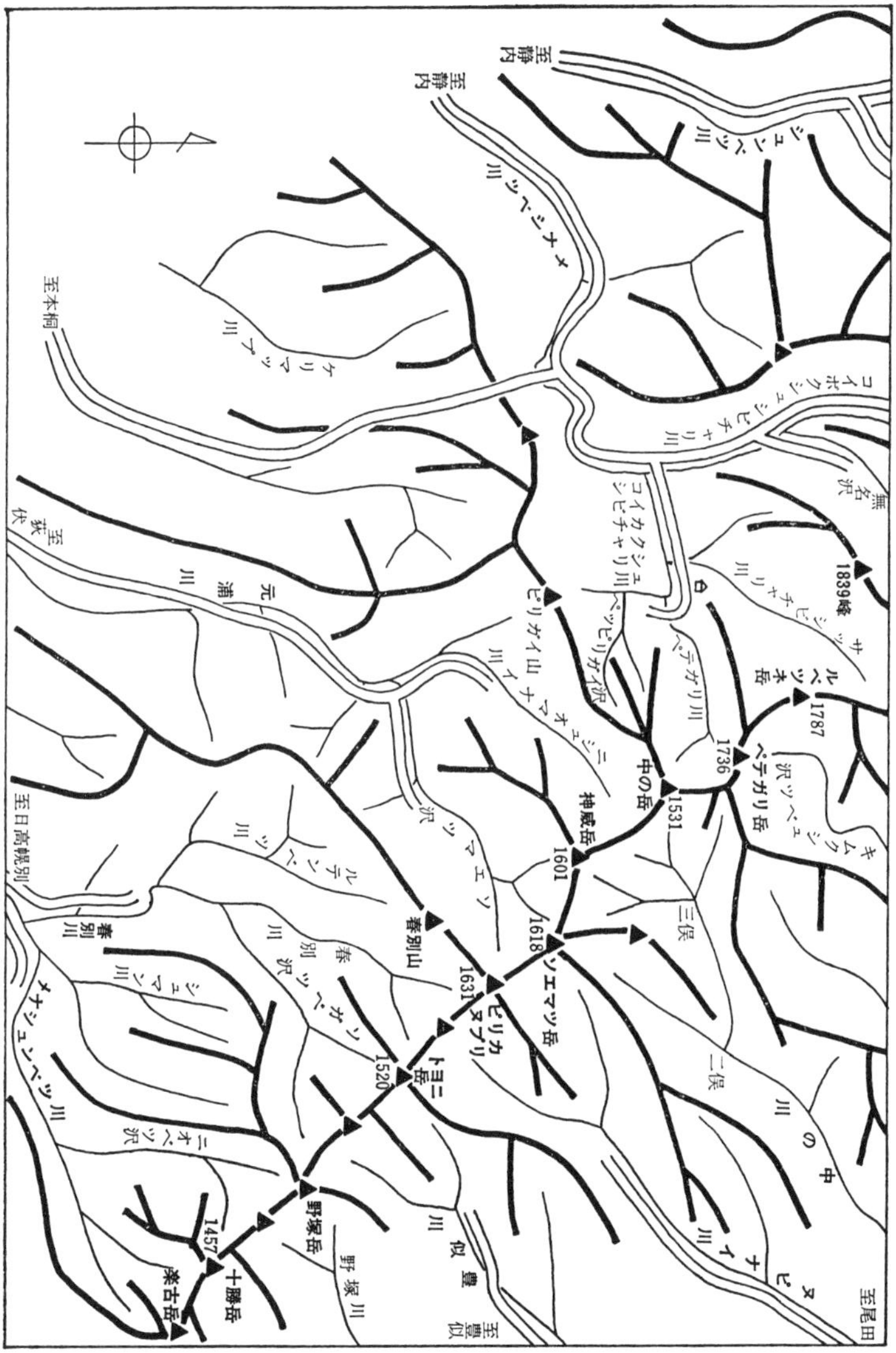
至静内
至静内
シュンベツ川
メナシベツ川
至本桐
ケリマップ川
コイボクシュシビチャリ川
無名沢
1839峰
コイカクシュシビチャリ川
至荻伏
元浦川
ピリガイ山
ペッピリガイ沢
ペテガリ川
ルベツネ岳
1787
1736
ペテガリ岳
中の岳
1531
神威岳
1601
三俣
1618
ソエマツ岳
春別山
1631
ピリカヌプリ
至日高幌別
春別川
トヨニ岳
1520
二俣
中の川
ニオベツ沢
野塚岳
1457
十勝岳
楽古岳
野塚川
豊似川
至豊似
ヌピナイ川
至尾田
メナシュンベツ川

り、高巻き、滝の直登などのルートは登攀者自らが選定しなければならない。現在、林道が奥までのばされてはいるものの、入山、下山に日数を要することや、水量の増加（沢通しのルートをとれない）に伴うルート選定などのことを考慮に入れ、充分な日程とエスケープルート、幕営地の検討が必要となってくる。

一九六〇年代の後半から困難な直登沢の登攀が行なわれるようになり、現在頂上に至る未遡行の沢は数えるほどになってしまった。中の川やソエマツ沢など、主稜線に突きあげる沢には未踏のものが残されており、今後の日高の沢の課題となっている。

積雪期登山については別項〔『日本登山大系』1所収〕にゆずるが、アプローチ、気象条件、積雪状況などは、十二月から五月連休にいたる各時期によってかなり変化があり、また北部と南部でも異なってくる。正月と五月の連休には入山者も多いが、他の時期はほとんど人に会わず、静かな原始的山行を楽しめよう。

最後になるが、山小屋は四個所の無人小屋がある。額平川の幌尻山荘、戸蔦別川の戸蔦別ヒュッテ、札内川の札内ヒュッテ、ペテガリ岳のペテガリ山荘である。幌尻山荘を除く三つの小屋へは無雪期なら一応車で入ることができる。また各河川には電源開発や森林開発のための車道がつくられ、最終人家から数kmあるいは数十kmとのびている所もあるが、前記登山道のある川（ニシュオマナイ川からの神威岳は除く）と、二、三の車道以外は最終人家のすぐ先にゲートがあり、鎖で止められている。春、夏、冬のいずれの季節も、山麓の交通事情や積雪・除雪状況によってアプローチに大幅な違いが生ずるので、地元の営林署等への事前の問合せは、ぜひ行なってほしい。

充分な準備をほどこしたうえで、原始的で野生味あふれる日高の大自然を味わってほしいものである。

〔五万図〕　御影、幌尻岳、札内岳、札内川上流、イドンナップ岳、神威岳、上豊似、上札内、楽古岳、西舎

〔参考文献〕『日高山脈』（茗渓堂）「岩と雪」六〇号

〔当該地域の営林署〕

帯広営林署（戸蔦別川、札内川）　帯広市東十条西八丁目

新冠営林署（新冠川）　新冠郡新冠町新冠

大樹営林署（歴舟川、中の川、ヌピナイ川）　広尾郡大樹町東本通

浦河林務所（メナシュンベツ川）　浦河郡浦河町常盤町

浦河営林署（元浦川、春別川）　浦河郡浦河町旭町

静内営林署（シュンベツ川、メナシベツ川）　静内郡静内町御幸町

広尾営林署（豊似川）　広尾郡広尾町

三　一ノ倉沢

岳志会

「百聞は一見に如かず」という諺を、この一ノ倉沢ほど鮮烈に証すところも少ないだろう。剣岳や穂高岳と並んで日本三大岩場のひとつに数えられると聞かされ、あらかじめその怪異な地形の様をこと細かに教えられていても、実際に目の前に仰ぐ一ノ倉沢は、おそらくそんな伝聞をはるかに超えた凄まじさで迫ってくるだろう。

オキノ耳と一ノ倉岳とをむすぶ国境稜線、その東側の山腹いっぱいが落差約八〇〇m、内壁の水平展開二〇〇〇mにおよぶ巨大なスリバチ状にえぐりとられている。出合いの穏やかな河原から見上げると、そのスリバチ状全体が薄青味がかった暗灰色に浮かび立ち、内壁ぐるりには無数の岩ヒダがちょうど静脈を浮きださせたように垂れており、まるで切り裂かれたアルコールづけの臓器を眺めるに似て怖気をふるう。

この岩場の内壁は三面の側壁で構成されている。出合いから向かって左手にやや緩傾斜の

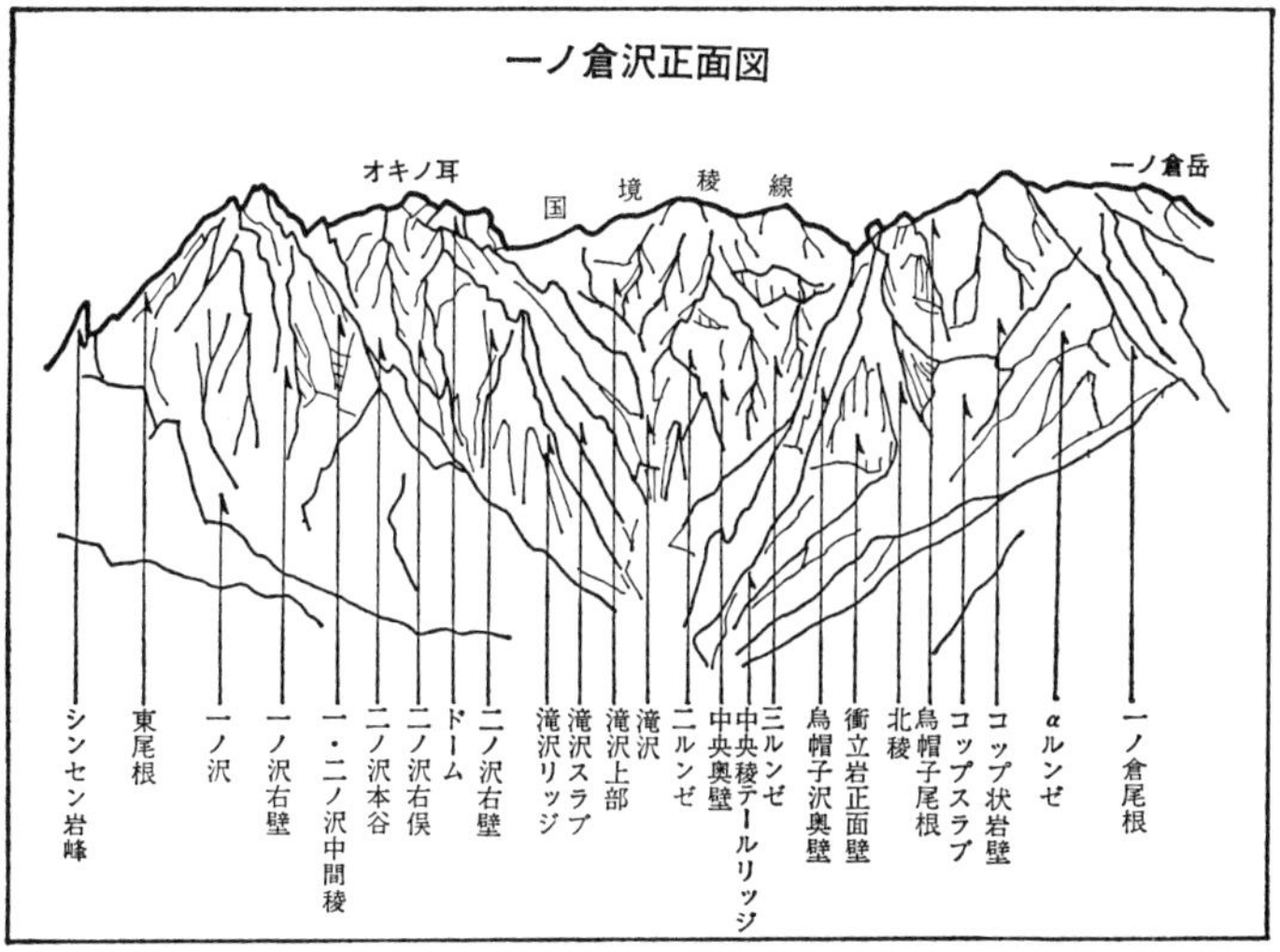

長大な岩稜とスラブを落としている東尾根側壁、正面に数本のルンゼを食いこませている国境稜線側壁、そして右手に垂直に近い岩壁群を立ちあがらせている一ノ倉尾根側壁である。各側壁はそれぞれ独特の形相をもって互いにせめぎ合い寄り合いながら、総体としてのこの凄愴な一ノ倉沢を形作っているわけだが、こうした一ノ倉沢の風貌からおして、かつてはここが宗教的畏怖の対象であったことは容易にうなずける。しかし、やがて東北帝大の小川登喜男らによる第三ルンゼ完登を事実上の嚆矢として、この一ノ倉沢は世に開かれたクライミング・ゾーンとして華々しく幕明けることになる。清水トンネルが開通する前年の一九三〇年

のことである。以来、第二次世界大戦の一時期を除いて、ルンゼから岩稜へ、岩稜からフェースへ、フェースからオーバーハング帯へと人跡は印され続け、一方では、それを追って果敢な冬期登攀も次々と行なわれるにおよび、一九六〇年代までには、無雪期、有雪期を通じ、あらかたのトレースがこの岩場で完了することになった。

現在では大小八〇本を越すルートがひしめくまでになり、いまや何々ルート初登攀の掛け声はこの一ノ倉沢では虚しい。振りかえれば、小川氏らの入谷以来わずか三〇年そこそこで開拓の時代は走り去ったことになるが、それをもってこの一ノ倉沢に永遠の静閑が訪れたわけでは毛頭なく、ここへきてまた新しい動きがこの巨大なスリバチを舞台にして目芽えていることも注目されてよい。例えて、登路としての定着化を期さないいわゆるプライベート・ルートの〝一過性〟開拓登攀であり、あるいはまた人工登攀ルートの自由登攀化、冬期に現われる氷柱の登攀への指向である。果たして一ノ倉沢はどこへ行くのか。ともあれ「近くてよい壁」は、既存八〇本のルートを再トレースする楽しさを核として、まだ当分は登攀者たちを魅了しつづけるに違いない。

無雪期の状況

年を通じて本谷下部に雪塊が残ることがあるので、正確には無雪期の存在しない年もしばしばあるが、ルンゼの雪が落ちきる七月中旬から新雪の降りる前の十月中旬までを一応無雪期とみなすことができる。

初夏の雪融けと共に現われる一ノ倉沢の岩膚は三つの層から構成されている。各ルートへのアプローチとなる下部の緩斜面スラブ帯が石英閃緑岩、ところどころにオーバーハングを突きだしている中間部の垂壁帯が花崗岩と苦鉄質岩脈状捕獲岩との複合体、そして滝沢から四ルンゼにかけてみられる最上部の岩塔群は蛇紋岩ホルンフェルスからなるといわれ、ゴム靴底のフリクションはその岩質からして中間部が最も悪く、ついで最上部、最下部の順となる。そのせいか一ノ倉沢での滑落事故は、傾斜が強く、フリクションの利きも悪いこの中間部で多発している。

この時期の天候は、九月を除いて比較的安定し、どのルートを登るにしても通常は夜行日帰りが可能とあって、特に週末における人気ルート（南稜、烏帽子沢奥壁の中央カンテと凹状ルート、中央稜、衝立岩正面壁の雲稜第一とダイレクト・カンテ、コップ正面の雲表と緑ルート、二ルンゼ、滝沢下部ダイレクト・ルートなど）は登攀者の行列ができるほどだ。こうした混雑日を避ければ継続登攀も可能であり、たとえば〈滝沢下部―滝沢スラブ―ドーム〉や〈衝立岩正面壁―コップ状岩壁〉などは比較的すっきりした継続方法として定評がある。

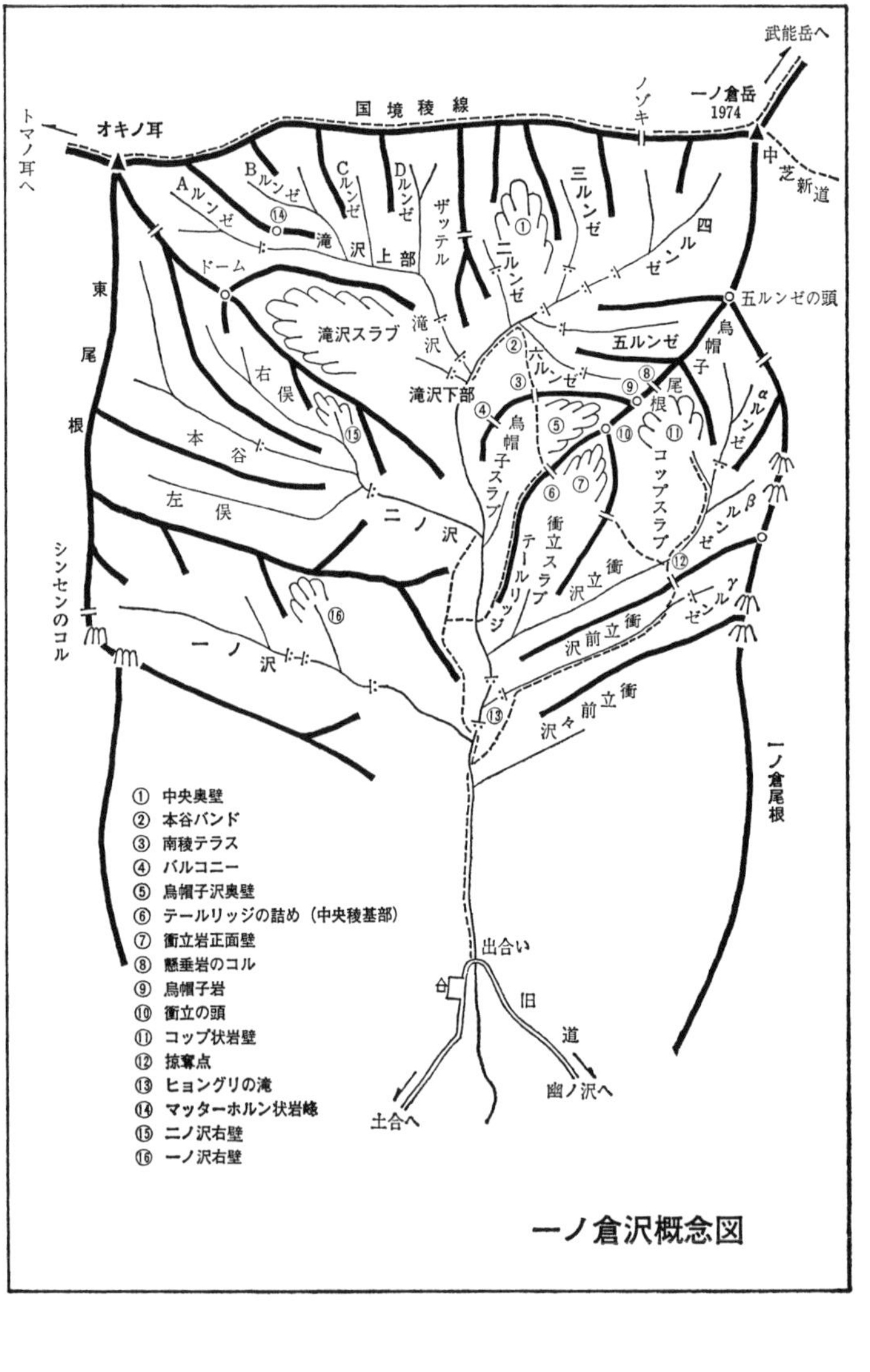
武能岳へ
一ノ倉岳
1974
ノゾキ
国境稜線
トマノ耳へ
オキノ耳
中芝新道
Aルンゼ
Bルンゼ
Cルンゼ
Dルンゼ
ザッテル
二ルンゼ
三ルンゼ
四ルンゼ
滝沢上部
ドーム
滝沢スラブ
滝沢
滝沢下部
五ルンゼの頭
五ルンゼ
六ルンゼ
烏帽子尾根
αルンゼ
βルンゼ
γルンゼ
東尾根
右俣
本谷
左俣
二ノ沢
烏帽子スラブ
衝立スラブ
テールリッジ
コップスラブ
衝立沢
沢前立衝
沢々前立衝
シンセンのコル
一ノ沢
一ノ倉尾根
出合い
旧道
幽ノ沢へ
土合へ
① 中央奥壁
② 本谷バンド
③ 南稜テラス
④ バルコニー
⑤ 烏帽子沢奥壁
⑥ テールリッジの詰め（中央稜基部）
⑦ 衝立岩正面壁
⑧ 懸垂岩のコル
⑨ 烏帽子岩
⑩ 衝立の頭
⑪ コップ状岩壁
⑫ 掠奪点
⑬ ヒョングリの滝
⑭ マッターホルン状岩峰
⑮ 二ノ沢右壁
⑯ 一ノ沢右壁

一ノ倉沢概念図

積雪期の状況

冬への始動は十月下旬に始まり、十二月十日前後に訪れる強い吹きだしを合図に本格的な豪雪期を迎える。以後三月下旬まで谷は完全に雪に閉ざされ、壮厳な銀鱗の舞台になるが、特に一月中旬から二月にかけては、荒天の日が多く、一年で最も厳しい条件下に置かれる。やがて三月の声を聞くと陽光がときどき射すようになり、積雪状態はかなり落ちつきを見せる。この期間（十二月中旬―三月）の登攀ルートはほぼ夏に準じるが、灌木の密生した一ノ沢周辺の稜や、滝沢リッジ、北稜、一ノ倉尾根などは夏とは違ってすばらしい雪稜に変わり、また滝沢スラブをはじめとして各ルンゼには氷瀑が現われてアイス・クライミングのメッカと化し、さらに烏帽子沢奥壁には未登の大氷柱が壮絶な姿を現わす。もちろん、他の岩稜やフェースのルートはほとんど雪とベルグラに覆われ、オーバーハングした一部の人工登攀ピッチを除いて夏とは比較にならない困難な様相をおびる。稜やフェースは特に登攀時期を選ばないが、ラビーネンツークとなるスラブやルンゼは、雪のしまる三月に的を絞って速攻をかける人が多いようだ。また三月好天日の衝立岩正面壁周辺は湿雪や融水のしたたりに悩まされることがある。どのルートを登るにしてもビバークの用意は必須であり、他方で荷物の軽量化が登攀成否の鍵をにぎっていることはいうまでもない。

なお各小屋の利用の可否は、一ノ倉沢出合いの休憩舎やトマノ耳直下の肩の小屋が入口の除雪を必要とするものの使用可。一ノ倉岳頂上にあるカマボコ型の避難小屋は深雪の下に埋没して使用不能になる。

残雪期の状況

四月、五月の天候はかなり安定しているが、ルンゼ筋や緩傾斜の稜上にはまだ多量の雪が乗っており、四月にはときに降雪をみることもある。しかし各ルートへのアプローチは残雪を利用できるので時間的にも労力的にも無雪期より有利であり、また一ノ倉尾根側壁の稜やフェース（烏帽子沢奥壁、衝立岩正面壁、コップ状岩壁等）は四月中旬までには雪が落ちてしまうので、技術的には無雪期と変わらず、しかも登攀中に夏のあの熱い太陽を背負わない利点がある。ただし、雪崩の危険があるという理由で三月下旬から五月初旬にかけて一ノ倉沢は全面的に入山禁止になることが多いので注意されたい（問合せ先＝群馬県谷川岳登山指導センター電話〇二七八七－二－三六八八）。

アプローチと下山路

土合駅から一ノ倉沢出合いまでは、旧道を通って無雪期で徒歩一時間強（車利用も可。出合いに駐車場、無人休憩舎、幕営地あり）、積雪期ならラッセルが不必要な場合で約二時間、ラッセルがあればその深さによって三時間から一日半の幅がでる。

出合いから各登攀ルートへのアプローチは「一ノ倉沢概念図」中に点線で示したが、これは無雪期のものであり、有雪期には、その時期により本谷筋を中心に次のような変化がでる。

①本谷が完全に雪に埋まっている時期（通常は五月まで）
出合いから本谷バンドまで雪渓どうしに達することができ、その間に左右へ派生する各ルートへはこの本谷雪渓から直接容易に取付ける。

②滝沢下部とバルコニーを結ぶ線上にシュルントが現われる時期（通常は六月初旬）
シュルント以奥にあるルートに取付くには、テール・リッジをたどって本谷バンドへ回りこむ。

③雪渓が割れてヒョングリの滝が姿をみせる時期（通常は七月）。
無雪期のルートを用いることになる。すなわち、ヒョングリの滝以奥に入るには、右岸の高巻きルートをたどるか沢通しにつめるかしなければならなくなり、また衝立前沢へ入るにも左岸の高巻きルートをとるようになる。

要するに、本谷筋の雪が消えるに従って、アプローチの時間、労力は増加するのである。なお、アプローチ・ルートとして烏帽子スラブ、衝立スラブなどを採用できないこともないが、上部からの落石の危険が大きく、現在では利用者を見ない。したがって、通常アプローチ・ルートとして利用されている烏帽子沢奥壁基部の横断バンドも、その通過に際しては上部からの人為落石に充分な注意を必要とする。またテール・リッジ、あるいは南陵テラス―本谷バンド間には転落事故多発個所もあるので要注意。

国境稜線にでてからの下山路は、通常はオキノ耳からトマノ耳経由で西黒尾根を下るか、一ノ倉岳経由で中芝新道を下るかのどちらかである。土合駅を目指す場合は前者のほうが速く（オキノ耳から三時間）、一ノ倉沢出合いにもどるなら前者、後者ともに時間的にはさほど変りないが（三―四時間）、トレールは前者のほうがはるかに整備されている。冬期は西黒尾根下降が一般的である。

〔五万図〕　越後湯沢

〔参考文献〕「岳人」二九一号、三四一号、「山と溪谷」三一七号、三五八号、「岩と雪」四五号

四　前穂高岳東面——奥又白谷と中又白谷——

JCC

一般に前穂高岳東面とは、前穂東壁、および四峰奥又白側の各岩壁という狭い範囲を指すが、ここでは広く、前穂高岳を頂点として北尾根と前穂・明神主峰間の稜線の東側で、北は慶応尾根、南は明神東稜にはさまれた区域を前穂東面と呼ぶことにする。ここには梓川に注ぐ下又白、中又白、奥又白の三本の谷が深く刻まれ、特に下又白谷と中又白谷は困難な滝を連ね、本谷の遡行は沢登りというより登攀の領域に属している。この付近の一般路は奥又白谷より中畑新道を登り、奥又白の池から奥又尾根を経てA沢経由前穂頂上の一本のみであり、これとて稜線付近の地形が複雑なため、下降路としてはあまり一般向きではない。

奥又白に比して開拓の遅れた下又白については別項にゆずるとして、ここでは穂高を代表する多くのクライミング・ルートを有する奥又白谷上部の岩壁群について少し詳しく述べてみよう。

三本槍より前穂高岳北尾根八峰までの稜線東側を奥又白谷と呼び、北は慶応尾根、南は奥又尾根で仕切られた範囲である。梓川出合いより松高ルンゼ入口付近までの岩質は主に花崗岩であり、それより上部は安山岩で構成されている。本谷の大滝付近を除けば、明るく開放的な谷で、雪渓は夏でも遅くまで残り、特に本谷上部とB沢、C沢、D沢の各枝沢、そして本谷大滝下が豊富である。

梓川沿いの道より望見できる北尾根側面の雄大な岩壁は、前穂高東壁、四峰の各岩壁、そして五峰正面壁に大別される。いずれの岩壁も高差三〇〇m近くを有し、急峻なスラブと悪相のハングで、クライマーを拒否しているかのようである。この困難な岩壁の開拓は、昭和初期より展開され、前穂東壁のCBAフェースは甲南高校パーティが、北壁は松本高校パーティがそれぞれ初登攀を成し遂げている。四峰正面壁も同様に、松本高校と甲南高校がそれぞれルートを開拓している。またあまりにも有名な北条・新村ルートも同時期に初登攀されている。

これらの岩壁を登攀するためのベース・キャンプは、奥又白池畔が最も適しているが、涸沢より北尾根のコルを越えても充分可能である。特に最近は奥又白池周辺の不衛生が目立つので、長期間の合宿の場合は広範囲な登攀活動ができる利点のある涸沢をベースにしたほうが快適であろう。

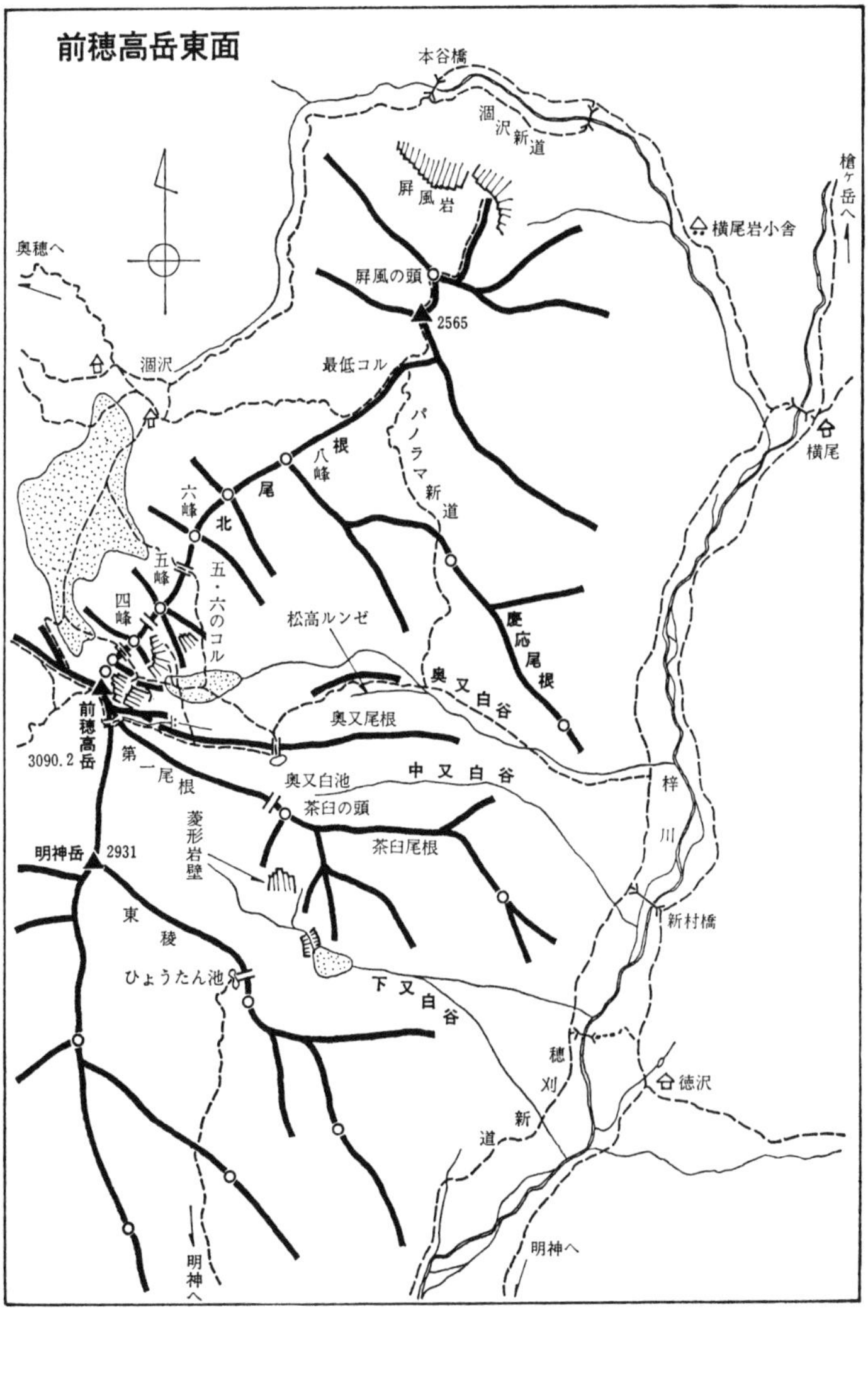
前穂高岳東面
本谷橋
涸沢新道
屏風岩
横尾岩小舎
槍ヶ岳へ
奥穂へ
屏風の頭
2565
涸沢
最低コル
横尾
パノラマ新道
根
八峰
六峰
尾
北
五峰
五・六のコル
四峰
松高ルンゼ
慶応尾根
奥又白谷
前穂高岳
3090.2
奥又尾根
第一尾根
奥又白池
中又白谷
梓川
茶臼の頭
菱形岩壁
茶臼尾根
明神岳
2931
東稜
新村橋
ひょうたん池
下又白谷
穂刈新道
徳沢
明神へ
明神へ

上高地より徳沢を経て新村橋で梓川の対岸に渡り、横尾方面に歩くと明るく開けた奥又白谷の出合いに着く。出合いは伏流となっており、大きな谷にしては貧相である。右岸沿いを登り、途中より左側のデルタ状の押出しのブッシュの中をたどるようになり、しばらくすると左手に松高ルンゼが合流している。ここで屏風の最低コルへのパノラマ新道を右に分けて、本谷と松高ルンゼを分けている急な尾根に付けられた中畑新道を登る。取付きから二〇〇mはジグザグの急登を繰りかえす苦しい登りである。尾根の斜度が落ちてくると左側より松高ルンゼを登って来る道と合し、広い斜面を登るようになる。緩やかに左上するようになるともう頭上には、奥又白の池のシンボル、宝の木が見える。最後の急登を終えれば、クライマーの別天地、奥又白池に着く。荷物の重さにもよるが、上高地から四―六時間程度は必要だろう。池のまわりに天幕を張るが、ゴミの処理と池の水を汚さない工夫をしよう。池から見る四峰奥又側岩壁は壮大な一枚岩に見え、肉眼ではルートを追うことは不可能なので、初めて奥又を訪れる人は双眼鏡を持参し、ルートを良く観察しておけば、まちがったルートを登攀する羽目に陥らないですむだろう。前穂東壁の偵察は池からでは遠すぎるので、北尾根の四峰頂上より東南壁側へ五〇mくらい下った所が最適である。ただしC・B・Aフェースは斜めになるので良く注意して観察したほうがよい。

各登攀ルートへのアプローチは、奥又白池をベースとした場合は、前穂東壁や四峰正面岩

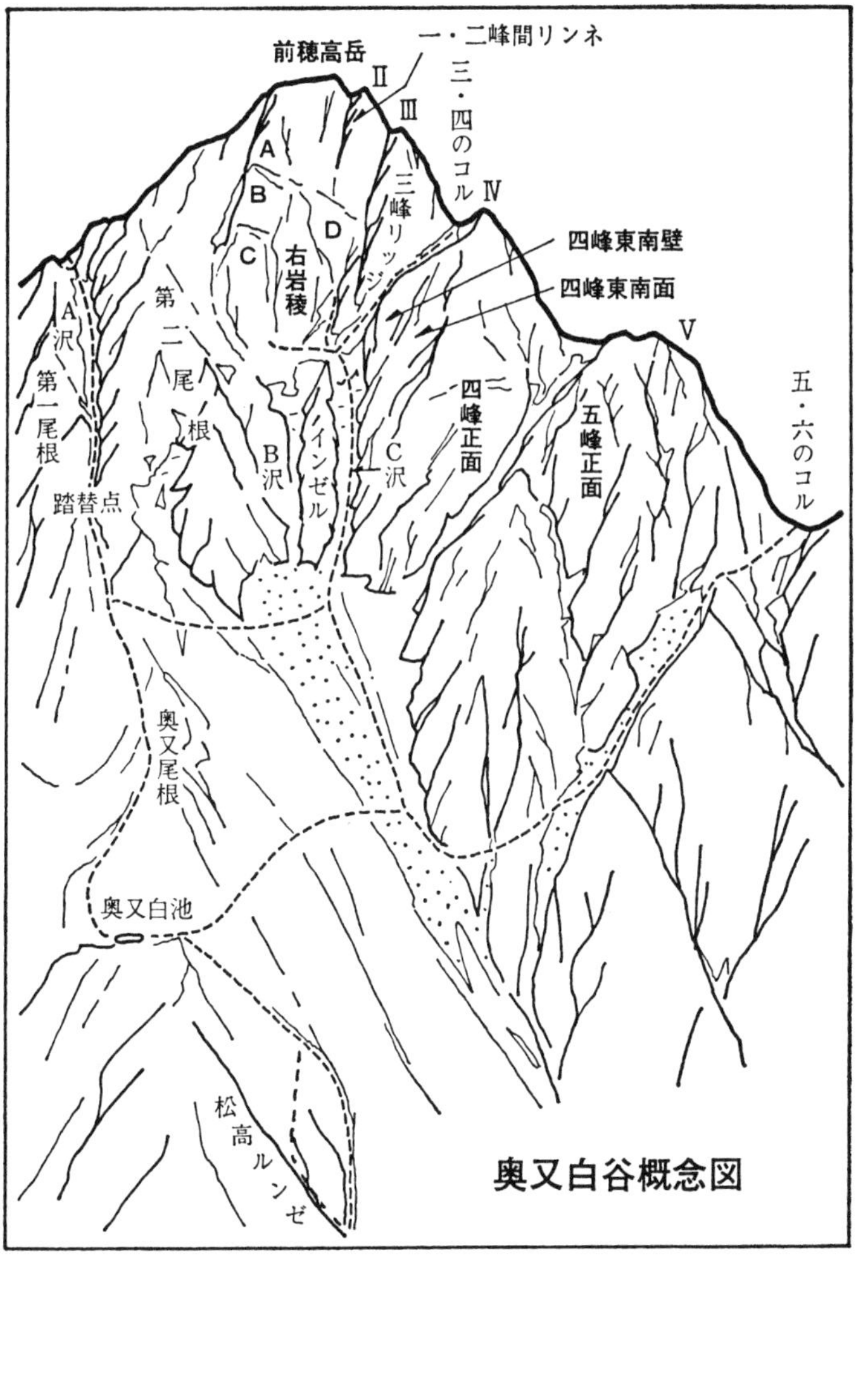
前穂高岳
一・二峰間リンネ
Ⅱ
Ⅲ
三・四のコル
Ⅳ
Ⅴ
A
B
C
D
三峰リッジ
右岩稜
四峰東南壁
四峰東南面
A沢
第一尾根
第二尾根
B沢
インゼル
C沢
四峰正面
五峰正面
五・六のコル
踏替点
奥又尾根
奥又白池
松高ルンゼ
奥又白谷概念図

壁は、インゼル末端までは同一で、池より、登って来た道を奥又白谷側に少し下り、左上する踏跡をたどり、本谷の雪渓へトラバースして行く。対岸（左岸）の五・六のコルへ行く道と別れ（五峰正面壁へは雪渓を渡り五峰の支尾根を回りこみ、五・六のコルへ向かう雪渓を上部までつめて左の草付きの尾根を越え、正面壁に食いこむルンゼに入る。このルンゼは雪渓の状態により中々やっかいなことがある）、雪渓をインゼル末端に向け直登する。インゼル末端へはこの他に、池より奥又尾根を登り、本谷を水平にトラバースして来るルートがある。こちらのほうが、池より下降しないだけ、アルバイトは少なくてすむ。

インゼル末端より右側のC沢に入り、小滝を越えた所で沢より分かれ右上する草付きの岩溝を登ると、四峰正面壁の各ルートの取付き点、T1に達する。四峰東南面と東南壁は、さらにC沢を少し登って取付き点に達する。前穂東壁へは、東南壁を過ぎて右側の北尾根三・四のコルより下っている沢と合流した地点の左側、インゼル最上部をB沢へ乗越す。北壁、Dフェースへは、B沢をそのまま登れば、Dフェース基部に着く。右岩稜とCBAフェースへは、B沢を少し下降し、右岩稜末端を巻くようにして回りこむと、右岩稜の右上するバンドが頭上に見える。Cフェース下部は取付き点が明瞭でなく、上部からの落石の危険が高いため、早めに左側に移っておいたほうが良い。

涸沢をベースにした場合、四峰正面壁へは北尾根五・六のコルより五峰奥又側をトラバース気味にたどり、お花畑に出たら尾根を下降し、途中より右側の雪渓に下り、雪が切れる頃右側にトラバースすれば奥又白本谷の雪渓に出ることができる。なお、途中で雪渓に降りないで、お花畑の尾根を忠実にたどり、踏跡に沿い右側の谷に降りれば、雪渓を下る距離が少なくてすむ。このルートのほうが、早朝の雪面の堅い時は楽で、しかも速いのである。四峰東南面と東南壁へは、北尾根三・四のコルか、この五・六のコルのどちらを越えても大差ない。前穂東壁へは北尾根伝いに三・四のコルへ出るか、または直接涸沢雪渓を直登して三・四のコルへ登り、三・四のコルから奥又側の急な雪渓を下り、前記したインゼル最上部へ出てB沢に入る。

登攀終了後の前穂頂上から奥又白池への下降路だが、前穂高より明神への稜線を下り、三本槍を過ぎて小さなコルから左に回りこむと、第一尾根最上部のコルに出て、これを越すとA沢に入る事ができる。A沢を下降し、右側に奥又尾根最上部のコル（踏替点）が見えたら、A沢より中又白谷の源頭を下り左側の奥又尾根上の踏跡をたどるようになれば池はすぐ目の前である。四峰の各ルートを登った場合は北尾根五・六のコル経由でも下降できるが、C沢やD沢は落石の危険もあり、雪渓が不安定な時もあるので、あまり勧められない。涸沢へは前穂頂上より、奥穂、ザイテン経由、または吊尾根を奥穂に向って下り、最初の大岩の所より涸沢側へ派生している支尾根を下り涸沢雪渓に降り立つルートなどがあるが、一番多く利用されているのは北尾根を三・四のコルまで下降し涸沢側へ下るルートであり、四峰登攀後の下降も、五・六のコル経由で下降するものより時間的にはるかに速い。ただし急傾斜の雪渓なので、グリセードに自信の無い人は歩いて下るほうがよい。下には大きなガレ場が口を開けて待っているからだ。

冬の奥又白の岩壁は、その昔は徳沢より奥又白池にベース・キャンプを張って登ったが、雪崩の危険性が高い事を理由に、最近は北尾根三・四のコルや、四・五のコルより取付き点まで下降して登攀するケースが多くなっている。雪の少ない年末年始は同一ルートに数パーティが取付くこともあるが、二月から三月になると積雪量も増え、キノコ雪も発達し、体力を要する困難なルートを提供してくれる。今後の課題であるが、積雪期未登ルートはまだ数本あるものの、無雪期では五峰東壁を除いてルート開拓の余地はなく、むしろ近年四峰正面、Dフェースなどで行なわれているフリー化の傾向が強まるのではなかろうか。

〔五万図〕　上高地
〔参考文献〕「岳人」二二三号、三七九号、「山と渓谷」三六二号

五　北穂高岳滝谷

山学同志会

穂高主稜線上の北穂高岳より岐阜県側へ大きく抉ち落ち、涸沢岳西尾根から大キレットの間の六本の沢を集めて蒲田川右俣谷へと流れこんでいる谷を滝谷という。そしてここにあげる三〇あまりの滝谷の登攀ルートは、北穂小屋より大キレット側へ一五〇mほど下った地点に突き上げるB沢と、涸沢のコルに突き上げているD沢との間の複雑なバットレス状の岩壁にとられている。岩質は玢《ひん》岩特有の節理の通った岩で、クラックが多く岩登りには最適だが、全体的に崩壊が激しく、特に取付きまでのアプローチに利用される各沢は狭く急傾斜の上、浮石が積み重なっていて非常に不安定であり、下降にあたっては細心の注意が必要である。

この滝谷の登攀史をひもとくとき忘れてならないのは、大正十四年夏の二パーティによる別ルートからの同時初登の記録である。ＲＣＣの藤木九三と早大の四谷龍胤＝小島六郎の二パーティはそれぞれ地元の松井憲三、今田由勝をガイドに出合いより遡行し、当時難関とされていた雄滝を左右別なルートから乗越し、藤木隊はA沢をキレットへ、早大隊はD沢から涸沢のコルへと滝谷の初登をなしたのである。

それ以後、本格的な岩登りのルートとして昭和六年の甲南高校パーティによる第二尾根北山稜、第三尾根初登、同年RCCの水野祥太郎による北山稜水野クラック初登、そして翌年京都医大パーティによる第四尾根初登（このときハーケンは使用しなかったと言われる）などが相次ぎ、また冬期登攀もこの頃から続々と行なわれた。すなわち昭和七年の第二尾根主稜、八年の第三尾根、北山稜、九年の第四尾根などである。戦後はドーム正面壁、P2フランケ、C沢右俣奥壁などに困難なルートが次々に拓かれ、かつて「鳥もかよわぬ…」と言われた滝谷も、今では夏冬を問わずそのルートも大いに賑わいを見せている。クラシックな好ルートが数多くあること、また三〇〇〇mの高所で草付きの少ないフリー主体の登攀が味わえることなどがその人気の理由であろう。

滝谷へのアプローチとしては、長野県側からだと、上高地から涸沢そして北穂南稜経由が一日行程の最短コースである。岐阜県側からだと、新穂高温泉から蒲田川右俣谷そして滝谷出合いより遡行、A沢からE沢までの沢の合流点を経て好みのルートを登り、稜線に立つのが一日半行程の充実したアプローチであろう。この滝谷遡行を除いて、各ルートはすべて稜線からB、C、Dの各沢を下降して取付く。登攀終了点は北穂頂上あるいは穂高主稜線直下

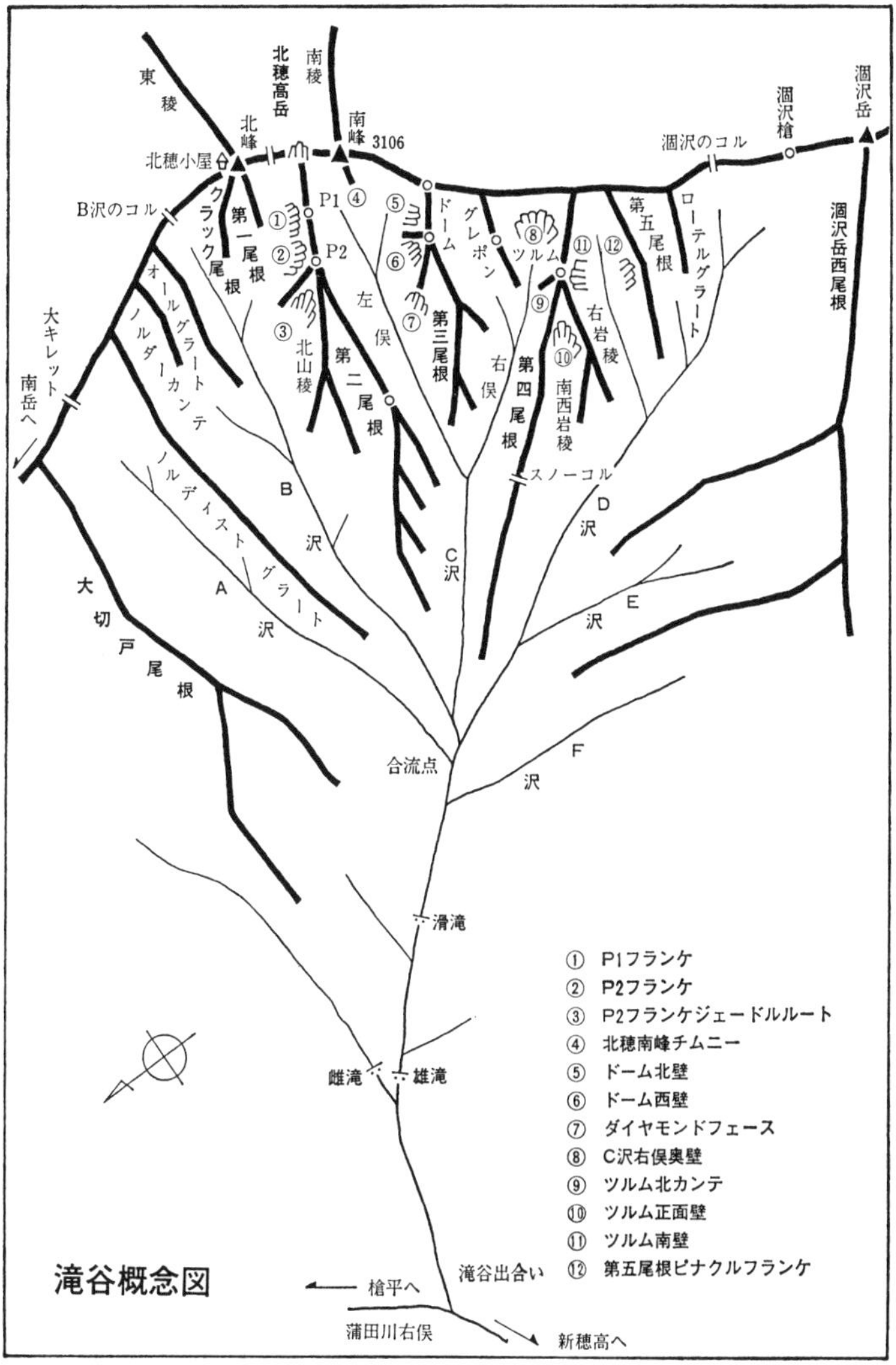
北穂高岳
東稜
南稜
北峰
南峰
3106
北穂小屋
涸沢のコル
涸沢槍
涸沢岳
B沢のコル
P1
P2
クラック尾根
第一尾根
ドーム
グレポン
ツルム
第五尾根
ローテルグラート
涸沢岳西尾根
オールグラート
ノルダーカンテ
北山稜
第二尾根
左俣
第三尾根
右俣
第四尾根
右岩稜
南西岩稜
大キレット
南岳へ
スノーコル
ノルディストグラート
B沢
C沢
D沢
E沢
A沢
大切戸尾根
合流点
F沢
滑滝
雌滝
雄滝
滝谷出合い
槍平へ
蒲田川右俣
新穂高へ
① P1フランケ
② P2フランケ
③ P2フランケジェードルルート
④ 北穂南峰チムニー
⑤ ドーム北壁
⑥ ドーム西壁
⑦ ダイヤモンドフェース
⑧ C沢右俣奥壁
⑨ ツルム北カンテ
⑩ ツルム正面壁
⑪ ツルム南壁
⑫ 第五尾根ピナクルフランケ
滝谷概念図

であり、特に問題はないが、終了点から縦走路までの間のガレ場では落石を落とさぬように注意したい。

滝谷だけを登るためのベース地としては、北穂高南陵上部のテント場がアプローチ的には最も近いが、狭くて水の便も悪いため、多くの人は涸沢にテントを張り、北穂高南陵経由で一日行程の登攀に向かう。

滝谷で最も注意すべきは気象の変化と落石である。気象は涸沢側が晴れていても滝谷はガスの中というのは常である。そしてひとたび荒れると風の強さ、寒さは他とは比較にならない。また壁は濡れると油を流したようによく滑るので、悪天の際はなるべく登攀を見合わせたほうがよい。落石は谷全体で常に起こっており、毎年何件かの事故が起きている。特に人為的落石は絶対に起こしてはならない。なお、登攀に出かける前に北穂小屋にあるノートに届けを書いておきたい。ひとたび事故となると自分達だけの問題ではなくなるのだから。

冬の滝谷は冷たい北西風をまともに受けて、雪と堅い氷の鎧をまとい、登攀は非常に厳しい。しかしガレ場や浮石はすっかり凍結して不愉快な落石もなく、快適なすばらしいルートを提供してくれる。より困難を目ざすアルピニストにとって一度は訪れたい場所であろう。

雪と氷の状態は年によって異るが、岩壁や沢の上部では激しい風が雪を吹き飛ばし氷化する。クラック尾根、第二尾根、第四尾根は岩と雪のミックスした長大なルートで、特に第四尾根はむずかしい。第一尾根、P2フランケなどはクラックが堅い氷でおおわれ登りにくい。ドーム周辺は季節風をまともに受け、壁がベルグラでおおわれる。グレポン、C沢右俣奥壁は上部チムニー、凹状部が厚い氷で閉ざされることが多い。現在はほとんどのルートが一日で完登できるようであるが、好天は一日もてばよいほうで、半日か数時間しかもたないのがふつうである。最小限のビバーク用具は準備すべきだろう。なお冬のアプローチに涸沢をとる場合は雪崩の危険を充分考慮すべきである。そのため涸沢岳西尾根、北西尾根をアプローチにとるパーティも多い。

近年、よりスケールの大きな岩壁が次々に登られ、滝谷もかつてのベテランのみに許された場から初、中級者向きの岩場へと変貌しつつある。とはいえ日々前向きのアルピニスト、クライマーにとってこの岩場の利用価値は大きい。穂高という大きな山の一部としてこの壁を考えることで、まだまださまざまな可能性が広がるであろう。

〔五万図〕　上高地
〔参考文献〕「山と溪谷」三六一号、「岳人」二二三号、二九五号、三二三号、三七九号

六　八ヶ岳概説

下諏訪山岳会

バラエティーに富んだ山である。ポピュラーで明るい山である。交通の便はよく、山麓の広大な高原には、豊富な温泉をはじめ、数多くの行楽施設もそろっている。春から秋にかけてはハイキング、キャンプ、テニスなど、冬ともなるとスキー、スケートなど、行楽客が思い思いに打ち興じ、明るい声がいたるところでこだましている。山に入っても登山道は整備され、無雪期ならば盟主赤岳二八九九mの頂上に立つこともたやすい。南北に連なる主稜線の西側（諏訪側）、東側（佐久側）とも登山基地にもこと欠かない。

だが、なめてはいけない。親しみやすい八ヶ岳も、冬ともなるとその様相を一変させる。端正なその姿はなおも険しく、堅い氷雪でその身をおおい、冷たい凍るような息を登山者に吹きかけてくる。三〇〇〇m近い雪稜でその息をかけられた登山者は、身も心も凍りついてしまうにちがいない。

南北三〇㎞にわたり主稜線を走らせ、東西一五㎞にわたって広大な高原に裾野をひいている八ヶ岳は、二四〇〇m以上の山を十数座連ね、夏沢峠を境にして北と南ではその山容を著しく異にしている。いわゆる北八ヶ岳はゆったりとした山容でバリエーション・ルートの面白味には乏しく、女性的なエリアである。一方、赤岳、横岳、阿弥陀岳、権現岳を擁す南八ヶ岳は、深い谷をけずり、特に西面は荒々しい岩壁を呈し、バリエーション・ルートにはこと欠かない。

八ヶ岳は比較的早くに近代アルピニズムの洗礼を受けながらも、必ずしもその主流とはなり得ず、これまでいつもわき役に甘んじてきた。それはおそらく、槍ヶ岳、穂高岳、剣岳、谷川岳等、本邦の代表的バリエーション・ルートを有する山々と比較して、岩場のスケールが劣ること、岩質が脆いこと、草付き、ブッシュが多いことなどによるものであろうが、反面親しみやすさや人気の点では前記の山々に一歩もひけをとらず、夏冬を通じて初・中級者のゲレンデとしてこれほどにぎわっている山も少ない。特に冬期のそれは独走の感が強く、この山で鍛えられより厳しい登攀へと巣立っていく登山者は数知れない。

八ヶ岳のこの人気を支えている秘密は決して低くないその高度に加え、岩、雪、氷がうまく調和し、一見箱庭的ながらも、一方では荒々しい底知れぬエネルギーを秘めた自然の魅力

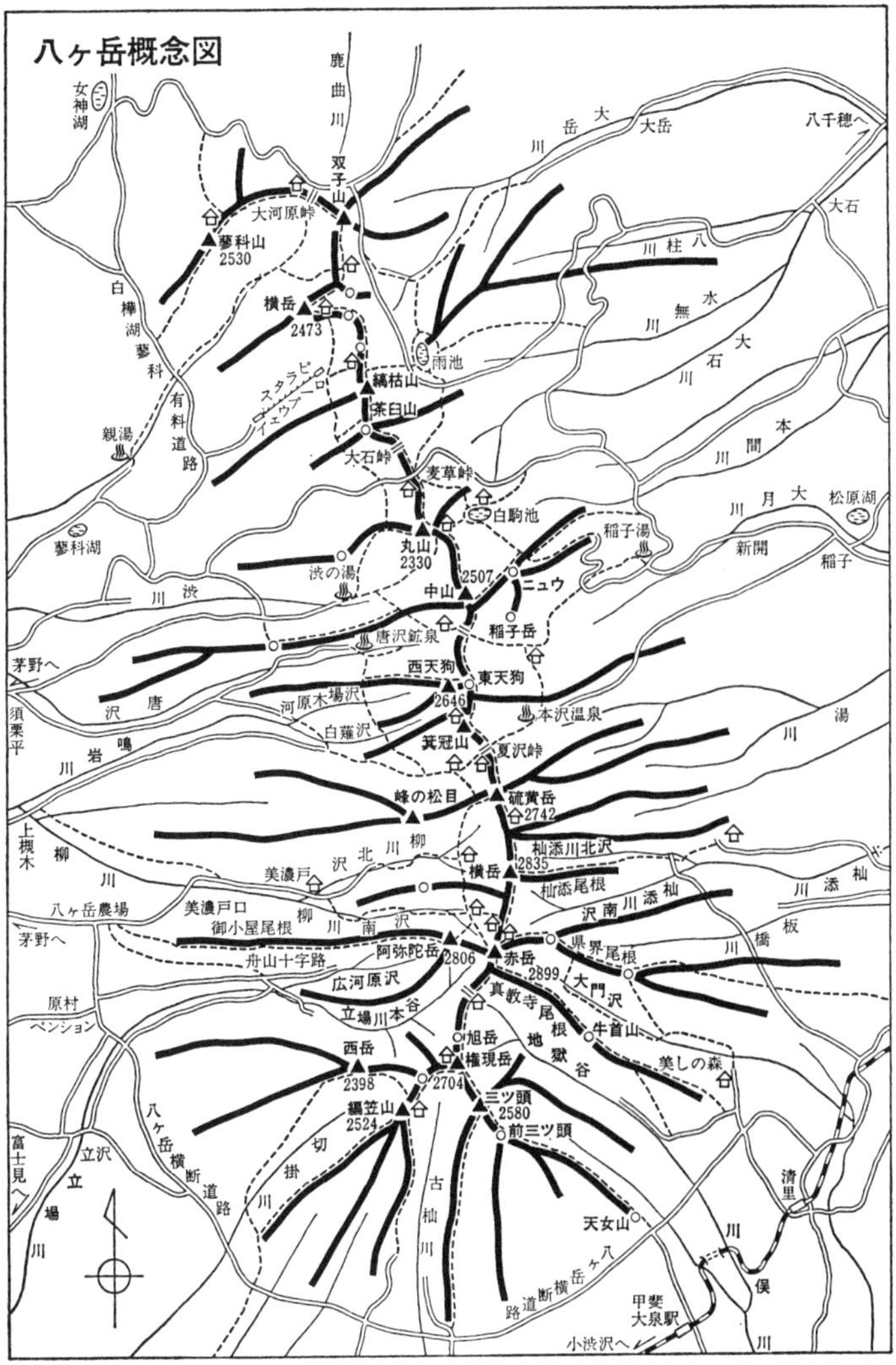
八ヶ岳概念図

にある。この自然が初級から上級にいたるあらゆる層の登攀意欲を充分に充たしてくれるルートを数多く提供し、なおかつそれらが、地理的条件とアプローチの便利さに恵まれて、短時間のうちに享受できることがその魅力を倍加させているといえよう。

今日これほどに隆盛をきわめた八ヶ岳のバリエーション・ルートの登攀に、まず開拓の先鞭をつけたのが登歩渓流会である。一九四〇年代、すなわち戦中戦後の苦しい時代にあって同会の記録は注目に値する。その後一九五〇年代に入ってこれを受け継いだのが、独標登高会である。同会の八ヶ岳全域にわたる総合的な研究は、今日の八ヶ岳登山の基盤ともなるもので、その後の大衆化への大きな力となっている。

八ヶ岳の岩場の特徴

八ヶ岳は火山の噴出によって生まれ、その後幾多の地質変動を経て今日にいたっている。したがって主に集塊岩からなるその岩は脆く、つねに風化、崩壊を続けている。細かいホールドを全面的に信頼し、ぐいぐい登っていけるような岩は少ないし、ハーケンにしても確実に効いているものはまれである。ボルトもその効き具合については疑わしいものがあるし、場所によっては、じかにハーケンを打ちこんだほうがいいような泥岩もある。

こうみてくると八ヶ岳における岩登りにはまったく悲観的になってしまうが、他方、補助手段に頼らない、岩登りの基本にのっとった登攀技術を確実に身につけていさえすれば、むしろ登りやすい岩といえる。それは凹凸に富み、ホールドが豊富なこと、フリクションがじつによく効くことなどで、これらの要素は岩の脆さを補ってあまりあるものである。

八ヶ岳の沢の特徴

八ヶ岳の沢の魅力はその原始性であろう。特に無雪期はその特徴が強調される。焼けただれたような岩壁にくいこむ岩溝、大きなチョックストン、オーバーハングした滝、下流域の原生林と倒木等々、流麗な沢というにはほど遠い荒々しさをもっている。このことは八ヶ岳の全般についていえることだが、特に沢はそれを象徴しているのである。この荒々しさに魅せられて八ヶ岳の沢を訪ねる人が多いのも事実である。

また、岩場とは違って、沢のルートは一般にその外見から推察するほど脆くはない。というのは、火山質の岩であるには違いないが、流水に洗われてしっかりしたところのみが残っているからである。ただ、高巻きルートや、沢のつめの部分には風化した岩も多く、充分注意したい。

積雪期の特徴

八ヶ岳がその本領を発揮するのは冬期である。わずらわしいブッシュは雪に埋まり、草付きは氷結し、ボロボロの岩も凍りつき、無雪期にはあまり信頼のおけなかった岩場も堅い城塞と化す。岩登り技術に加え、アイゼン、ピッケルをまじえた本格的な冬期登攀の場となるのである。

一方、沢に目を転じてみると、積雪が少ないために滝は埋まりきらず、氷瀑が露出しているところが多い。しかも高度が高いため、堅い良質の氷となる。凍り始めるのは十一月からで、十二月に入るとほとんどの滝は登攀可能になる。氷瀑登攀の適期はこの頃から年末年始あたりまでで、二月以降になると雪に埋もれるものが多くなる。

八ヶ岳の積雪は北アルプス等他の山域にくらべると比較的少ない。しかし、ここの寒気と風の強さは超一流であり、この自然条件に抗しての登攀は、たんなる登攀技術のみでは解決できない厳しさとむずかしさがある。

八ヶ岳は内陸部に位置するため、裏日本からの季節風の影響が少なく、天候は比較的安定している。冬型気圧配置が強くなって季節風が吹き出しても、降雪ははじめのうちだけで、荒天は長く続かない。その雪にしても、日本海側のような重い湿雪ではなく、乾燥した軽い雪で、量も少ない。ただ、雪はやんでも強い風はしばらく続き、寒気もきびしく、乾燥した粉雪は強風に吹き上げられて激しい地吹雪となる。

この偏西風のため、西面では雪がつきにくく、あってもよくしまっている。反対に東面では吹きだまりになって積雪が多く、雪崩も起きやすい。また稜線では風下にあたる東面側に雪庇が発達する。

八ヶ岳でもっとも注意すべきことは、低気圧の通過であろう。わけても太平洋岸を通る場合が悪い。気温が上昇したところへ湿った重い雪がどかっと積もって不安定きわまりない。近年はこうした降雪による雪崩遭難が目立っている。

低気圧の去ったあとはすぐ冬型となり、寒気の吹きこむのが冬山の定石である。低気圧性の湿った雪も、風と寒気によってやがて安定するから、しばらく待つべきであろう。

初雪がくるのは十月上旬であるが、根雪となるのは十一月中旬頃になる。このころから低気圧の通過のたびに積雪は増していく。それでも正月を迎えるころで五〇㎝から、せいぜい一m止まりだ。厳冬期になっても冬型の強い年は軽い雪が舞うだけで、積雪は以後あまり増加しない。むしろ暖冬といわれ、つぎつぎに低気圧の発生する年のほうが順調に増していく。そして本格的な積雪になるのは、冬型の天気がゆるみはじめ、春一番がやってくる二月中旬から三月にかけてである。しかし二月以降になると積雪はしだいに締まってくるので、新雪期に比較して行動しやすい。

四月になると積雪は急に減り始め、温暖な年は五月連休のころになると尾根筋からはまったく雪が消えることもあるが、年によっては相当残っていて冬山を思わせることもある。このころでは低気圧、前線の通過は、稜線近くではまだ雪になることが多い。

〔執筆者〕 星野吉晴

〔五万図〕 八ヶ岳、蓼科山

〔参考文献〕 『八ヶ岳火山群』木星社書院、『八ヶ岳』(現代登山全集六)、東京創元社、『八ヶ岳研究』(上) 朋文堂、『八ヶ岳研究』(下) 校倉書房、『八ヶ岳』(アルパインガイド三四) 山と溪谷社、「岩と雪」四号、「山と溪谷」二四四号、二七五号、四四七号、四九九号、「岳人」三一号、六四号、一一三号、一四三号、一六七号、二一六号、二八四号、三一六号、三五四号、三九一号

南八ヶ岳東面概観

国鉄小海線の車窓から眺める八ヶ岳の雄姿には定評がある。しかし、列車を降り、ひろびろとした高原を散策しながら仰ぎ見る八ヶ岳はさらにすばらしい。雄大な八ヶ岳を前に、四季それぞれに咲く花を愛でながら、このあけっぴろ気な高原を心ゆくまで徘徊するのは、本当に爽快なものである。多雨多湿の日本にあって、鬱蒼と茂る樹林の間を巡るのが風情《ふぜい》なら、この解放感は何にたとえようか。

最近はこの地にも開発の波が押し寄せ、車道も開け、会社や学校の寮、別荘地、ゴルフ場、テニスコートなどが目立つようになり、かつては寂漠とした高原も一人漂泊者の戯れを気どり、期待するのもやや無理になったようだ。清里や野辺山周辺のハイキング・コースは休日ともなると若い男女でいっぱいになる。それでも一人静かな時間をもちたいなら、地図を頼りに巡るコースは多彩である。

この東面の小海線の各駅からは、編笠山、権現岳、赤岳、横岳へと登山道がつけられ、いずれも五時間以上の長い行程で山頂へ立つことができる。なかでも、盟主赤岳への登路として真教寺尾根コース、県界尾根コースがすぐれ、人気も高い。

東面の広大な裾野から山懐へ深く入ると、手強いバリエーション・ルートのエリアが待っている。川俣川東沢（地獄谷）の奥には、赤岳―権現岳の稜線へと扇状に何本ものルンゼが突きあげ、その間の岩稜のいくつかも、よいルートを提供してくれる。

真教寺尾根と県界尾根にはさまれた大門沢はそのつめに奥壁（赤岳東壁）を有している。この川俣川と大門沢は南東方向に流れ、合流して須玉川と名を変え、塩川に合している。

県界尾根と杣添《そまぞえ》尾根の間には杣添川南沢が分けいり、上部で数本のルンゼが横岳、三叉峰、日ノ岳に突きあげている。この杣添川は海ノ口で千曲川に流入している。

地獄谷は八ヶ岳のなかでも、バリエーション・ルートに恵まれた谷で、ベース地にも格好の出合い小屋を有し、初球から中級、上級と、難易それぞれ楽しめる。無雪期、積雪期ともに登攀者の姿をよく目にする地域である。

真教寺尾根や県界尾根から眺める大門沢の奥壁（赤岳東壁）はなかなか壮観である。人気《ひとけ》のないルートで、春、特に雪の落ち着いた四月頃は楽しい登攀が期待できよう。

また、杣添川の各ルンゼは、地獄谷、大門沢と比較するとやや見劣りはするが、現在までほとんど手がつけられずに残っており、野性味あふれた登攀ができよう。かつてはアプロー

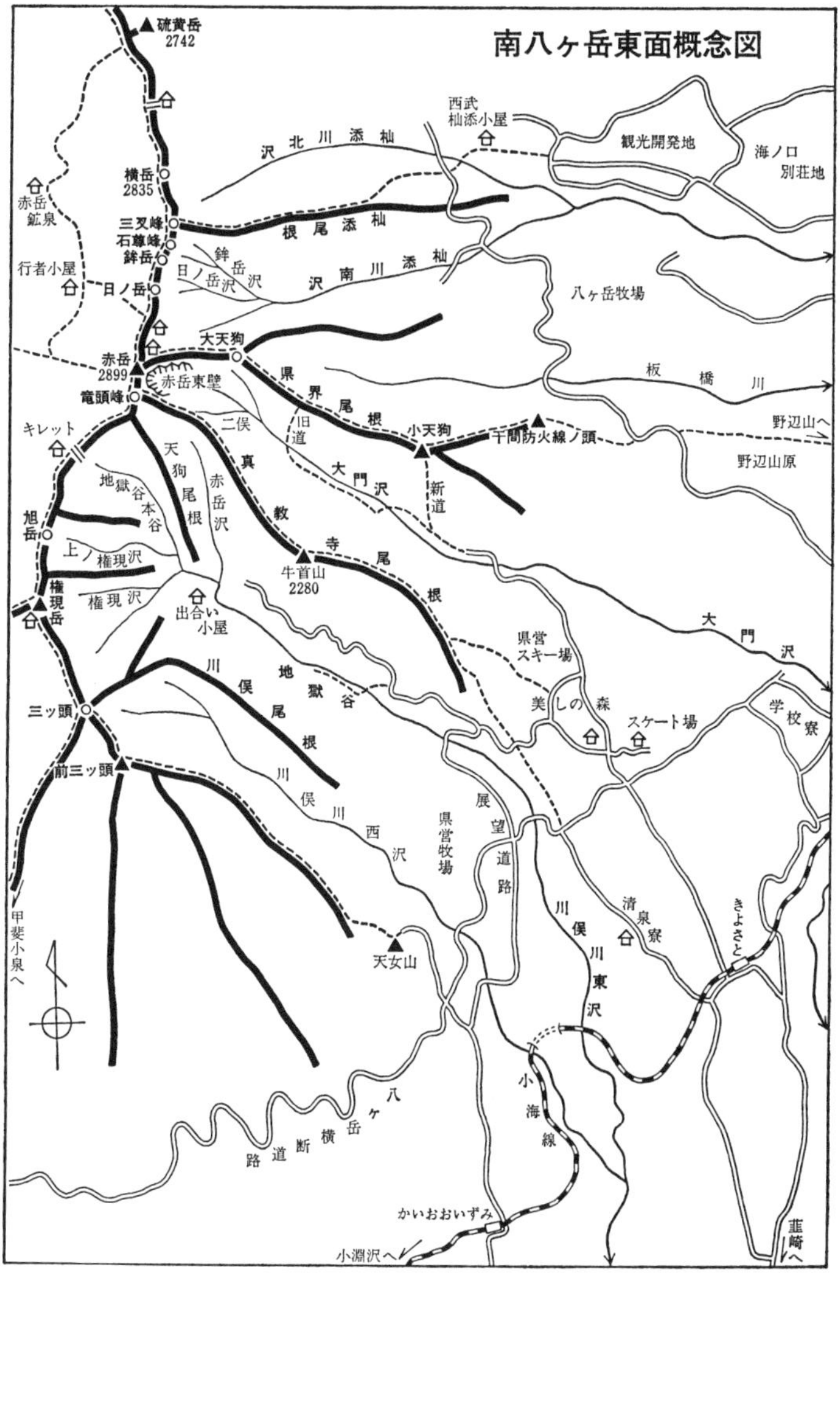
南八ヶ岳東面概念図
硫黄岳
2742
横岳
2835
三叉峰
石尊峰
鉾岳
日ノ岳
赤岳
2899
竜頭峰
赤岳東壁
大天狗
小天狗
キレット
旭岳
権現岳
三ッ頭
前三ッ頭
牛首山
2280
天女山
赤岳鉱泉
行者小屋
出合い小屋
西武
杣添小屋
観光開発地
海ノ口
別荘地
八ヶ岳牧場
杣添川北沢
根尾添杣
杣添川南沢
鉾岳沢
日ノ岳沢
県界尾根
板橋川
野辺山へ
干間防火線ノ頭
野辺山原
二俣
旧道
新道
大門沢
真教寺尾根
天狗尾根
赤岳沢
地獄谷本谷
上ノ権現沢
権現沢
県営スキー場
美しの森
スケート場
学校寮
川俣地獄谷
川俣尾根
川俣川西沢
県営牧場
展望道路
川俣川東沢
清泉寮
きよさと
小海線
八ヶ岳横断道路
甲斐小泉へ
かいおおいずみ
小淵沢へ
韮崎へ

チが長く不便であったこの山域も、最近になって別荘地開発が進み、さらに奥深くまで林道も通り、八ヶ岳でもアプローチのもっとも短い地域となった。概して中級向のルートが多く、今後注目されてもよいバリエーションと思われる。

この南八ヶ岳の東面は、バリエーションとしては西面に一歩ゆずるが、アプローチが比較的よくなったこともあり、もっと顧みられてよい山域であろう。

編者〔柏瀬祐之、岩崎元郎、小泉弘〕

読書と登山——僕にとっての襟裳岬

野村良太

二〇二二年四月二十九日午後二時、僕は襟裳岬にいた。

ただ単に岬にいたのではなく、ずっと思い描いていた一つの壮大な計画の終着点としてそこにいた。宗谷岬から襟裳岬まで北海道を東西に分かつ総距離約六七〇キロに及ぶ分水嶺を、一度も下山することなく積雪期に単独で縦断してきた。六十三日目のことだった。

この約二カ月に及ぶ大縦走は、自分自身を見つめなおす時間だった。

重さ四十キロのザックを背負って、雪の稜線を一日十時間進む。雪の斜面を開削して、その夜を過ごすテントサイトを確保する。調理ストーブで雪を解かして、飲み水と食事を摂る。日が暮れて、ラジオで明日の予報を聴いてから眠りにつく。翌朝暗いうちから支度をして、日の出とともに歩き出す。

僕の二カ月間の行動を文章にすると、たったこれだけのことの繰り返しである。付け加えるとすれば、一冊の文庫本を読むことが数少ない娯楽だった、ということくらいである。ところが、たったこれだけのことを二カ月繰り返したにすぎないはずが、その日々を挟んで前と後では襟裳岬という場所が僕にとって思い入れのある場所へと変容した。

計画のきっかけは二冊の本だった。工藤英一著『北の分水嶺を歩く』（山と溪谷社）と志水哲也著『果てしなき山稜』（ヤマケイ文庫）だ。

苦節十七年、全十五回に分割し、半ばライフワークのように北海道分水嶺を初踏破した工藤氏と、十二月から五月の半年間、全十二回に分割し初めてワンシーズンで踏破した志水氏の二冊の本は、目標を探していた当時の僕を魅了した。とりわけ文庫化されていた志水氏の本は、のちに六十三日間の挑戦中も持ち歩き擦り切れるほど読み込んだ。

安アパートに住んでいた学生の頃の僕は、両氏の本を読み終わった後、どうにかして一度も下山することなく一つなぎに北海道の分水嶺を縦断できないかと考えていた。どうやらまだ、誰も達成したことがないらしかった。

地図を眺め、登山計画を立てはじめた。皮算用と呼んだ方が正しいかもしれない。これまでの知識と経験を総動員し、あるいは自室の本棚に並んだガイドブックから該当箇所を洗い出し、ルート状況と必要な日数を想像した。それに見合った登山装備を書き出し、食料計画を立てた。この計画がどれくらい当てになるのかは行ってみなければわからない。特大の不安と、根拠のない自信を胸に、一度目の挑戦に出発した。

結果は散々だった。想像していたよりもルート状況が悪く、悪天候にも苦しめられた。何より深刻なことに、二カ月の登山計画を立てると自分の精神状態がどうなるのかについては想像すらできていなかった。自分の想像力が足りなかったことを思い知った。不十分な計画と想像以上の悪天候に精神的な余裕が削られた。最終的に、焦りやいら立ちからテント設営の場所を見誤るという致命的な判断ミスを犯した。低体温寸前まで消耗し、行程の九十パーセント以上を残して失意のうちに撤退を決意した。

一年後、前年の経験を活かし、計画を大幅に修正した。これでようやく皮算用から脱却した、という感覚が少しだけあった。だが、それだけで簡単に達成できる計画ではなかった。

日に日に身体が消耗し、道北で登山装備が綻びを見せ始めたと思ったら悪天候で避難小屋に三日三晩閉じ込められた。大雪山系に突入するころには、装備は綻びを超えて破損を重ね、しまいには事前に避難小屋にデポしておいた食料が野ネズミに荒らされるという危機に見舞われた。それでも持ち前の能天気で図太い性格と周囲の協力に支えられ、納得と妥協の狭間で揺れ動きながら、日高山脈を越えて襟裳岬までたどり着いた。筆舌に尽くし難い絶景や難所を乗り越えた達成感に、「これだから山はやめられない」と思う瞬間は確かにあった。だがそれは割合で言うとせいぜい一割程度であり、残りの九割以上は要所で突きつけられる自身の弱さを自覚し、疲労や空腹を耐え忍ぶ時間だった。

そうしてたどり着いたとき、襟裳岬は僕にとって特別な場所となっていた。それまでは地理的な一点でしかなく、ローカルな観光地としてか、せいぜい森進一の名曲の舞台である、という認識でしかなかったその場所が、この日を境にまったく別の「ずっと思い描いていた一つの壮大な計画の終着点」という大きな意味を持つようになった。

そのきっかけをくれたものこそ、学生の頃に安アパートで読みふけり、六十三日間、毎日持ち歩いたあの本だった。本をきっかけに計画した登山が評価され「第二十七回植村直己冒険賞」を受賞した僕の場合がそうであったように、読書をすることは人生の転機とも呼べるきっかけを与えてくれることがある。本の中には、読者の読み方次第でさまざまなきっかけがちりばめられている。だが、当たり前のことだが、何がどのきっかけでどこにつながるのかまでは本は教えてくれない。与えてくれるのはただ、きっかけだけである。

きっかけが欲しくて読書をするのではない。好きな本を読んでいたら、ひょんなことから、ある日偶然つながるときがくるのである。たくさんの本を読めばいいということでもない。同じ本であっても、読むタイミングや心持ちによってまったく違う見え方がすることがある。だとすると、気に入った本が見つかれば、それを繰り返し読めばよい。

長期登山に出かけるときは決まって、文庫本をザックの奥に忍ばせる。あるときは凍える指で本を押さえながら、あるときは明日の行程に身を案じながら、同じページを繰り返し読むこともまれではない。僕はこのスタイルが心底気に入っている。

読書と登山が、僕の人生に新しい展開と視座を与えてくれたと思っている。読書と登山は一見別物のようであるが、きっと深いところで連動している。

いま手に取ったこの本が、僕の行く末を変える可能性を秘めている。それどころか、いつの日か動き出すあの計画のきっかけとなる本を、自分はもうすでに読んでいるのかもしれない。そう考えると無性にワクワクしてくるのである。

『日本登山大系』は刊行から四十年以上が経過し、
連絡が取れなくなってしまった執筆者がいます。
お気づきのかたは白水社編集部にご連絡ください。

昭和登山への道案内
ベストセラー「日本登山大系」を旅する

二〇二四年 三 月一二日 印刷
二〇二四年 四 月一〇日 発行

編　者　白水社編集部
発行者　岩　堀　雅　己
印刷所　株式会社　三　陽　社
発行所　株式会社　白　水　社

東京都千代田区神田小川町三の二四
電話　営業部〇三（三二九一）七八一一
　　　編集部〇三（三二九一）七八二一
振替　〇〇一九〇 - 五 - 三三二二八
　　　郵便番号　一〇一 - 〇〇五二
www.hakusuisha.co.jp
乱丁・落丁本は、送料小社負担にて
お取り替えいたします。

加瀬製本

ISBN978-4-560-09281-1
Printed in Japan

日本登山大系［普及版］全10巻

柏瀬祐之／岩崎元郎／小泉 弘 編

四六判並製

1 北海道・東北の山

利尻山／北見・天塩山地／知床半島の山／大雪山連峰／十勝連峰／夕張山地／日高山脈／増毛山塊・樺戸山塊／札幌近郊／支笏・洞爺、ニセコ・羊蹄の山／積丹山塊／道南の山／北海道のゲレンデ／白神山地／岩手山・秋田駒連峰／和賀山塊／太平山／早池峰山／焼石岳／栗駒・虎毛・神室／鳥海山／船形連峰／大東岳／蔵王連峰／吾妻連峰・安達太良山／朝日連峰／飯豊連峰

2 南会津・越後の山

那須連峰／男鹿山塊／帝釈山脈／会津駒ヶ岳・朝日岳山群／平ヶ岳・景鶴山／荒沢岳／越後三山／巻機山／越後大源太山／上信越国境山群／毛猛連山／川内山塊／御神楽岳／浅草岳・鬼ヶ面山・守門岳

3 谷川岳

マチガ沢／一ノ倉沢／幽ノ沢／堅炭岩／湯檜曾川／谷川岳南面の沢／幕岩／阿能川岳の沢／小出俣川の沢／赤谷川／仙ノ倉沢／万太郎谷・茂倉谷／蓬沢檜又谷／足拍子岳・荒沢山／奥利根の沢／上州武尊山

4 東京近郊の山

富士山／愛鷹山／城山／丹沢／三ツ峠／大菩薩連嶺／奥多摩／奥武蔵／妙義山／足尾山塊／日光周辺／東京近郊のゲレンデ

5 剣岳・黒部・立山

源治郎尾根／八ツ峰／三ノ窓周辺／池ノ谷／小窓尾根白萩川／東大谷・毛勝谷／毛勝三山西面／立山／黒部川／黒薙川／丸山東壁／黒部別山／奥鐘山西壁

6 後立山・明星山・海谷・戸隠

白馬三山／不帰東面・西面／五龍岳東面／鹿島槍ヶ岳／爺ヶ岳東面／赤沢岳・スバリ岳西面／明星山／海谷山塊／雨飾山／妙高山／火打山／鉾ヶ岳／権現岳／戸隠連峰

7 槍ヶ岳・穂高岳

錫杖岳／笠ヶ岳／奥又白谷・中又白谷／下又白谷／屏風岩／滝谷／涸沢・岳沢・ジャンダルム／明神岳／霞沢岳／槍ヶ岳／赤沢山／有明山／唐沢岳幕岩／高瀬川

8 八ヶ岳・奥秩父・中央アルプス

赤岳東壁・地獄谷／杣添川／広河原沢／立場川／赤岳西壁・阿弥陀岳北面／横岳西壁／稲子岳南壁・東壁・天狗岳東壁／北八ヶ岳／滝川／大洞川・大血川／笛吹川／入川／白泰山／金峰山／瑞牆山／金峰山川西股沢／両神山の沢／二子山／木曾の渓谷／伊那の渓谷／宝剣岳の岩場

9 南アルプス

甲斐駒ヶ岳・鋸岳・鳳凰三山／赤石沢／摩利支天峰／仙丈岳／白峰三山／北岳バットレス／白峰南嶺・安倍連山／塩見岳・荒川岳／赤石岳・聖岳／光岳と深南部の山／北遠・奥三河の山

10 関西・中国・四国・九州の山

御在所藤内壁／奥美濃／白山／京都北山／比良／南紀の谷／台高山脈／大峰山脈／七面山南壁／奥香落の岩場／六甲山／雪彦山／王子ヶ岳／大山／三倉岳／伯耆大山／石鎚山／赤石山系／剣山／小豆島拇岳／背振山地／犬ヶ岳／八面山／大崩山／行縢山／比叡山／祖母山・傾山／尾鈴山地／阿蘇山／市房山／脊梁山地／屋久島